8 Lk 2 1217 2

Paris
1789

Toustain-Richebourg, Charles Gaspard de

Essai sur l'histoire de Neustrie ou de Normandie, depuis Jules César jusqu'à Philippe-Auguste, suivi d'une esquisse

Tome 2

LK² 1217

ESSAI

SUR

L'HISTOIRE DE NEUSTRIE

OU

DE NORMANDIE,

Depuis JULES-CÉSAR jusqu'à PHILIPPE-AUGUSTE; suivi d'une Esquisse Historique de la Province, de 1204 à 1788.

ESSAI
SUR
L'HISTOIRE DE NEUSTRIE
OU
DE NORMANDIE,

Depuis JULES-CÉSAR *jusqu'à* PHILIPPE-AUGUSTE; *suivi d'une Esquisse Historique de la Province, de 1204 à 1788.*

OUVRAGE renfermant beaucoup de particularités intéressantes sur l'Europe, depuis la Baltique jusqu'à la Méditerrannée, principalement sur la Scandinavie, la Grande-Bretagne, la France & l'Italie; sur les Croisades, le Clergé, la Noblesse, la Féodalité, la Législation, l'Administration, les Etats-Généraux & Provinciaux; avec une liste de l'ancienne Chevalerie Normande, & des Sénéchaux de la Province.

DÉDIÉ *aux trois Ordres du Royaume.*

» Descends du haut des cieux auguste vérité,
» Répands sur nos écrits ta force & ta clarté ».
VOLT. *Henr.*

TOME SECOND.
A PARIS.

Chez { DESENNE, au Palais-Royal.
DUPUIS, rue Jacob, n°. 38, Maison de M. PRUDHOMME.

M. DCC LXXXIX.
Avec Approbation & Privilége du Roi.

ESSAI
SUR L'HISTOIRE DE NEUSTRIE
OU DE NORMANDIE.

ROBERT III,
Surnommé GAMBAR, COURTE-HEUSE, COURTE-CUISSE ou COURTE-BOTTE,
VIIIe. Duc de Normandie.

CHAPITRE LXIV.

INSTALLATION *de Guillaume-le-Roux au trône d'Angleterre. Inutiles tentatives de Robert pour faire valoir ses droits d'aînesse. Révolte du Maine contre le Duc de Normandie. Alliances & brouilleries successives des trois freres. Capitulation de Henri au Mont-Saint-Michel.*

GUILLAUME laissa le plus funeste héritage aux Normands dans la per-

Tome II.   A

sonne de ses trois fils. Ils réaliserent ou renouvelerent l'histoire antique des *Freres ennemis*, & leurs divisions firent encore plus de mal à leurs peuples qu'à eux-mêmes.

Nous avons dit au chapitre 61, que par son testament le Roi-Duc avoit nommé Guillaume-le-Roux son second fils, au trône d'Angleterre, & Robert son aîné, au duché de Normandie & au comté du Maine, en ne léguant qu'une somme d'argent avec une grosse pension à Henri le dernier des trois. Ce changement dans l'ordre de la succession blessa sensiblement Robert, qui croyoit avoir obtenu l'entier pardon de ses anciennes révoltes.

Quant à Guillaume-le-Roux, il n'avoit pas attendu la mort de son père pour se rendre en Angleterre, se concerter avec le primat Lanfranc, auquel il avoit déjà fait remettre une lettre de recommandation du Roi, s'assurer du trésor, d'une partie des forteresses & des troupes, & se former un parti considérable.

Au premier bruit de la mort du Conquérant, le Primat assembla quelques évêques & quelques seigneurs, fit avec eux le couronnement du nouveau Souverain, & prévint par cette diligence le danger des complots & des oppositions. En même-temps Robert prit possession du duché de Normandie; mais il s'en fallut bien que ce partage le contentât. L'évêque de Bayeux & le comte de Mortain ses oncles, jaloux du crédit excessif & toujours croissant de l'archevêque Lanfranc, attirèrent beaucoup de seigneurs Anglois & Normands dans une conspiration formelle, pour restituer la couronne d'Angleterre au fils aîné du monarque défunt.

Guillaume-le-Roux, conseillé par l'habile primat, fit violence à son caractère hautain & tyrannique, & flatta les Anglois par des manières plus populaires, par de magnifiques promesses, & par la permission de chasser dans les forêts royales. Une flotte redoutable secondée par l'indolente volupté qui souvent éclipsoit les brillantes qualités de Robert, empêcha l'arrivée du secours vivement attendu & trop tard envoyé de Normandie: ensorte que bientôt ceux que Guillaume-le-Roux qualifioit de rebelles,

1088

A ij

furent contraints de fuir ou de se soumettre. Un très-petit nombre obtint grace entière; les autres essuyèrent la confiscation de leurs biens, partie au profit du Roi, partie au profit des barons qui lui étoient restés fidèles. L'évêque de Bayeux pris deux fois les armes à la main dans cette guerre, fut délivré la première fois par des Normands, & la seconde banni par Guillaume-le-Roux.

Ce roi tiré du péril s'embarrassa peu de tenir aux Anglois les superbes paroles qu'il leur avoit données. Malheureusement encore il perdit Lanfranc, dont la prudence avoit modéré sa fougue; & sa tyrannie prenant un libre cours, donna bientôt de violens griefs à tous les ordres de l'État. Son administration devint absolument illégale & arbitraire, & les priviléges de l'Église qu'on regardoit alors comme si sacrés, selon la juste remarque de Hume, devinrent un foible rempart contre son avarice & ses usurpations.

1089.

Robert ne se rendoit pas coupable de tant d'exactions & de violences dans son duché; mais il décréditoit aussi son gouvernement par la triple passion des femmes, du vin & du jeu, & par le désordre & l'épuisement de ses finances, portés si loin qu'il céda le Côtentin formant environ le tiers de la Normandie, pour tenir lieu du remboursement de trois mille marcs que son frère Henri lui avoit prêtés dans le temps de ses préparatifs contre l'Angleterre. Roger de Montgommery, comte de Shrewsbury en Angleterre, & Robert son fils, seigneur de Bellesme, l'un des plus habiles & des plus méchans hommes de son temps, excitèrent beaucoup de troubles & de séditions. Ils engagèrent dans leur querelle plusieurs gentilshommes puissans, entre-autres Robert Quarrel à qui le duc de Normandie fit arracher les yeux; sévérité qui, malgré le besoin d'un exemple, nous paroît excessive & cruelle. Henri soupçonné de les avoir appuyés, fut conduit aux prisons de Bayeux. Mais enfin la paix se conclut, le Prince fut relâché, les Barons soulevés rentrèrent dans leurs biens & dans l'obéissance.

1090

L'ambition peu délicate de Guillaume-le-Roux fit bientôt succéder de nouveaux nuages à cette courte sérénité. Eudes ou Etienne, comte d'Aumale, & Gautier de Saint-Valery, gagnés par ses promesses & par son argent, lui livrèrent leurs châteaux. Ce coupable exemple fut suivi par les comtes de Gournay, de Longueville, de Mortemer, & par beaucoup d'autres seigneurs des pays de Caux & de Brai. Le roi de France lui-même, Philippe, ou plutôt sa concubine Bertrade qui le conduisoit, se laissa corrompre par l'Anglois, & se montra peu favorable au Normand. Robert voulant s'assurer l'appui de Lambert de Saint-Saen, seigneur puissant du pays de Caux, lui donna sa fille bâtarde en mariage. Mais à peine avoit-il pris cette sage & utile précaution, qu'un autre revers se joignit à ses malheurs.

Le Maine se fait un point d'honneur de secouer le joug d'un duc de Normandie ; celui-ci recourt à Foulques, comte d'Anjou, qui ne lui fait que des promesses vagues ou illusoires. Hoël, évêque du Mans, est enfermé par les rebelles, & les excommunications qu'il leur lance sont d'un foible secours pour Robert Courte-Heuse.

Hugues, fils puîné d'Azon, marquis de Ligurie, & d'une fille de Hugues second, comte du Mans, se fait reconnoître comte ou héritier légitime du Maine par Geoffroy de Mayenne, Élie de la Flèche & les Manceaux. Alors pressé de toutes parts, Robert parut perdu sans ressources. La Providence vint à son secours.

 Henri nouvellement réconcilié avec Robert, & touché des malheurs où l'exposoit l'insatiable & perfide ambition de Guillaume le Roux, accourt à Rouen avec quelques braves, se saisit de Conan, chef d'une troupe de traîtres qui devoient livrer la ville aux Anglois, le précipite du haut d'une tour, & par cet ensemble de vigueur & d'activité il relève les affaires & les espérances de Robert. L'union de ces deux frères arrête les entreprises du troisième. Des manifestes répandus en Angleterre & en Normandie font sentir aux seigneurs des deux États combien il étoit affreux à des compatriotes, à des parens, de s'entre-ruiner & s'entre-égorger pour servir d'instrumens à l'oppression & à l'injustice. La Noblesse Angloise & Normande, frappée de ces considérations, fait auprès de Guillaume les représentations les plus vives & les plus fortes.

Guillaume écoute enfin la voix de la nature & de l'équité, ou plutôt il se rend à l'impuissance de continuer une guerre également détestée des deux partis. Mais il se fit céder par le Traité les villes & territoires d'Eu, d'Aumale, de Fécamp & quelques châteaux du côté de Cherbourg. Il paya ces concessions par la promesse d'aider son frère à réduire le Maine, & de rendre en Angleterre les biens confisqués sur les barons Normands qui s'étoient déclarés en faveur de Robert. Les deux frères convinrent aussi qu'au défaut d'enfans de part & d'autre, le survivant hériteroit des états de celui qui mourroit sans postérité. Cet accommodement fut garanti & juré par douze barons des plus puissans de chaque côté; ce qui prouve la force & l'autorité dont la noblesse jouissoit alors.

Henri fut malheureusement oublié dans cette paix de ses deux frères. Cet indigne abandon lui fit craindre que tandis que Guillaume-le-Roux lui retenoit les biens de sa mère, Robert

Courte-Botte ne lui redemandât le Cotentin. Suivi de quelques Normands & Bretons, il s'empara du Mont-St.-Michel, d'où il espéra se procurer ou des conditions avantageuses ou de puissans alliés.

Robert & Guillaume se réunirent & vinrent l'assiéger. Ils étoient près de le réduire par la disette de boisson, lorsque Robert, plus touché de la situation de son frère qu'irrité de ses hostilités, lui envoya des provisions d'eau avec un tonneau de vin, disant à Guillaume, qui le railloit sur cette générosité : « Quels que soient les torts » de notre frère envers nous, devons-» nous desirer qu'il meure de soif ? » Où retrouverions-nous un autre » frère quand nous aurions perdu » celui-ci ? »

1091.

Guillaume-le-Roux qui avoit les vices de son père sans presque avoir aucune de ses hautes qualités, excepté la valeur, fit aussi pendant le siége un trait dont on ne le soupçonnoit pas capable. Comme il observoit la place, deux cavaliers, sortis à l'improviste, le surprirent, l'attaquèrent, tuèrent son cheval ; & dans l'instant où l'un d'eux hauſſoit l'épée pour le frapper: *arrête malheureux*, s'écria Guillaume: *je ſuis le roi d'Angleterre*. Le ſoldat s'arrêta ſubitement avec beaucoup de reſpect, aida le Prince à ſe relever, & lui donna ſon cheval. Guillaume le récompenſa magnifiquement, & lui dit : *face de Luc* (car c'étoit ſon ſerment) *tu ſeras déſormais à moi*. En effet, après le ſiége, il le prit à ſon ſervice avec de forts appointemens. Apparemment que le camarade de ce ſoldat partagea la politeſſe & la récompenſe ; mais tous deux manquèrent à leur maître Henri, en ne lui conduiſant pas Guillaume. Celui-ci ne vit pas la fin de ce ſiége dont les longueurs le rebutèrent; Robert, reſté ſeul, réduiſit Henri à capituler, & lui permit d'aller où il voudroit.

CHAPITRE LXV.

GUILLAUME-LE-ROUX *donne à Robert Courte-Heuse le généralat d'une armée Angloise contre les Ecossois. Après cette guerre faite avec succès, le Duc, de retour en ses Etats, essuye de nouvelles entreprises du prince Henri, & se voit bientôt attaquer par l'ingrat & l'avide Guillaume-le-Roux. La France le soutient d'abord, puis l'abandonne; mais les troubles survenus en Angleterre le débarrassent de Guillaume-le-Roux, obligé de voler à la défense de son propre Royaume. Ce Monarque défait & punit les Conspirateurs, puis se brouille avec l'archevêque Anselme.*

GUILLAUME-LE-ROUX, soit par inquiétude, soit par haine contre Edgar Atheling, nommé par d'autres Edgar Cliton, issu, comme nous l'avons dit, des anciens Anglo-Saxons, & devenu Conseiller du duc de Normandie, avoit privé ce prince des biens qu'il possédoit dans les concessions faites au roi d'Angleterre en Normandie.

Edgar s'étoit réfugié chez Malcolm III, roi d'Ecosse, qui déjà projetoit de venger son pays des humiliations qu'il avoit reçues de l'Angleterre sous Guillaume-le Conquérant. Ce monarque, animé par les conseils du prince fugitif, s'empressa de profiter de l'absence de Guillaume-le-Roux, & de faire une irruption dans le Northumberland. Le roi d'Angleterre accéléra son retour pour rassurer cette partie de ses peuples très-mécontente de ce qu'il les laissoit en proie aux insultes des Etrangers, tandis qu'il s'occupoit en Normandie d'intérêts presqu'absolument personnels. Guillaume, en cherchant à punir les Ecossois, ne voulût pas exposer les places qu'il venoit d'obtenir en Normandie; & pour se délivrer des inquiétudes qu'auroit pu lui donner Robert, il eut l'adresse de lui faire accepter le commandement de son armée contre le roi d'Ecosse. Au reste, le bonheur qu'il éprouva de se procurer un excellent général dans la personne même

1092.

d'un rival dangereux, fait encore moins l'éloge de sa prudence que celui de la générosité de son frère. La flotte & l'armée Angloises furent d'abord maltraitées, la première par la tempête, la seconde par le défaut de vivres. Mais Malcolm fut tué devant la ville d'Alnwic par le comte de Monbrai. Donald, son frère, s'empara du trône au préjudice de ses enfans, sous prétexte de l'extrême jeunesse de ces Princes. Duncan, fils naturel de Malcolm, appuyé par Guillaume-le-Roux, supplanta le comte Donald, & fit la paix avec le roi d'Angleterre. Par ce traité, Duncan fit à Guillaume-le-Roux la restitution de douze seigneuries que ce Monarque avoit possédées en Écosse avant la rupture, & lui rendit le même hommage que Malcolm avoit rendu à son père. Guillaume, de son côté, ne fut tenu qu'à payer douze marcs par an pour toutes les prétentions du Roi d'Ecosse.

Walter ou Gautier, l'un des généraux de l'armée Ecossoise, étoit revêtu de la charge de Stuart ou Grand-Maître de la maison du Roi. Le titre de cette charge, possédée par plusieurs

1093

de ses descendans, devint le nom héréditaire ou patronymique de sa famille, qui a régné long-temps en Ecosse & pendant un siècle en Angleterre. Cette remarque est assez étrangère à l'histoire de Normandie; mais nous avons pensé qu'on nous la pardonneroit en faveur de son intérêt & de sa brieveté.

Revenons à Robert Courte-Heuse. Ce prince, toujours courageux & bon, mais toujours imprévoyant & trompé, ne reçut en Angleterre que de frivoles remerciemens des services qu'il avoit rendus à cette couronne; & comme le malheur s'acharnoit à le poursuivre, à peine fut-il de retour en Normandie, qu'il apprit que les habitans de Domfront avoient livré leur ville au prince Henri, qui avoit aussi gagné le Passais & une partie du Cotentin. Pour surcroît de disgrace, Guillaume-le-Roux, vainqueur des Ecossois ainsi que des Gallois qui avoient suivi l'exemple des premiers, & relevant d'une maladie dont le danger l'avoit déterminé à restituer les biens ecclésiastiques, & à nommer Anselme, abbé du Bec, à l'archevêché de Cantorbéry, revint en Normandie pour chercher querelle à son frère. Cette province étoit d'autant plus à plaindre, qu'en cette même année 1094, elle perdit plusieurs guerriers de distinction, entr'autres les comtes de Beaumont-le-Roger père & fils, & que de plus elle essuya les horreurs de la famine à la suite d'une longue sécheresse.

Le roi d'Angleterre & le duc de Normandie eurent deux conférences qui n'aboutirent à rien. Vingt-quatre seigneurs Bretons, présens à la derniere, donnerent le tort à Guillaume-le-Roux, qui se retira furieux, & commença les hostilités. Il s'empara d'abord de quelques places, moins par la force des armes que par l'adresse qu'il eut de corrompre les gouverneurs : adresse en laquelle on eût dit que Philippe de Macédoine lui servoit de modèle. La France ouvrit enfin les yeux sur le danger de voir un roi d'Angleterre envahir avec autant de rapacité que d'injustice une de ses plus belles provinces. Elle envoya quelques secours à Robert qui reprit Argentan, & la garnison prisonniere, & prit

1095

encore à discrétion le château du Hommet.

Guillaume sentit qu'il ne sortiroit pas de cette guerre à son avantage, si les François continuoient de soutenir son frère. Il tenta donc auprès de Philippe & de Bertrade la séduction des présens qui lui avoit une fois réussi. Dépourvu d'argent, il eut recours à un moyen aussi extraordinaire que ignoble. On enrôla vingt-mille hommes en Angleterre, tous gens d'une certaine aisance. Quand ils furent près de s'embarquer, Ralph ou Ranulphe Flambard, Ministre & principal instrument des extorsions du Roi, leur proposa de se racheter pour six à dix schelings par tête. Tous acceptèrent le parti; ce qui fournit une somme avec laquelle Guillaume acheta la retraite des troupes françoises.

Robert alors auroit couru risque de perdre ses états, si Guillaume n'avoit été détourné par des troubles survenus dans son propre royaume. Robert de Monbrai qui l'avoit si bien servi contre les Ecossois, piqué de ce que ce monarque peu généreux avoit mal reconnu & mal récompensé ses ser-

vices, avoit formé le deſſein de lui
ôter la couronne pour la porter ſur
la tête d'Etienne, comte d'Aumale,
neveu de Guillaume-le-Conquérant.
Cette conſpiration devint funeſte à ſes
auteurs. Monbrai, pris par compo-
ſition, languit trente années dans une
priſon. Le comte d'Eu, qu'il avoit
attiré dans ſon complot, ayant ſuc-
combé dans un duel contre Geoffroy
Bainard ſon accuſateur, perdit les
yeux & la faculté de ſe reproduire.
Guillaume d'Alderi, l'un des autres
conjurés, fut pendu.

Cette expédition terminée, Guillaume eut avec Anſelme, archevêque
de Cantorbéry, de grandes brouilleries qu'il n'eſt pas de notre ſujet de
rapporter. Obſervons ſeulement, avec
un abréviateur de Rapin-Thoyras,
que le Prélat ſoutenoit les droits de
l'Egliſe avec trop de hauteur, que le
Roi ne reſpectoit pas aſſez ces mêmes
droits, & que dans le ſchiſme qui
diviſoit alors la catholicité, le premier affecta de reconnoître ſolemnel-
lement Urbain II, malgré le penchant
de ſon ſouverain pour Clément, &
malgré la loi du règne précédent,

qui défendoit de reconnoître aucun pape sans le consentement du Roi. Anselme, après avoir essuyé beaucoup de traverses, se retira dans un monastère de Lyon jusqu'à la mort de Guillaume qui avoit saisi son temporel.

CHAPITRE LXVI.

Causes & préparatifs de la premiere croisade. Conciles de Plaisance, de Clermont, de Rouen, de Nîmes. Excommunication & absolution du roi de France. Engagement à bas prix pour cinq ans fait du Maine & de la Normandie par Robert Courte-Heuse à Guillaume-le-Roux.

L'Attention qu'excitèrent les derniers événemens que nous avons racontés, se perdit tout-à-coup dans le fracas des croisades. Ici nous copierons ou suivrons plutôt l'abbé Millot que le père Mainbourg. La dévotion qui entraînoit auparavant les peuples à Rome, s'étoit tournée vers Jérusalem que les Turcs avoient enlevée aux Arabes vers 1065. Ce dernier pélerinage, comme plus long & plus difficile, passoit pour une œuvre plus méritoire dans un temps où les pratiques extérieures tenoient lieu des vertus chrétiennes. L'hermite Pierre, natif de Picardie, homme d'un zèle

& d'une imagination également pleine de feu, représenta si vivement à son retour de la Palestine les vexations & les outrages dont les Turcs y accabloient les pélerins, que le pape Urbain II se servit de lui pour inspirer aux princes & aux peuples le dessein de conquérir cette terre sanctifiée par la naissance, la prédication, les miracles & la mort de Jesus-Christ; cette terre dont la capitale vénérée, depuis la plus haute antiquité, de presque tout l'Orient, reçoit encore les hommages du Chrétien, du Juif & du Musulman, comme l'a remarqué le judicieux voyageur M. Volney.

L'éclat de l'entreprise, l'utilité apparente de la religion, l'espoir d'expier dans les combats tous les genres de crimes, les grands priviléges prodigués à quiconque vouloit s'enrôler, la vue d'une conquête qui flattoit l'opinion, l'avarice & l'ambition, la véhémence entraînante de l'Orateur firent oublier les dangers, les obstacles, les convenances. Instruit & charmé des succès de l'hermite prédicateur, en Italie, en France & en Allemagne, le Pape tint un concile à Plaisance, où se rassemblèrent quatre-mille ecclésiastiques de tous rangs, & plus de trente-mille laïcs. Les ambassadeurs de l'empereur Grec Alexis Comneme y parurent pour demander l'assistance des princes chrétiens contre les Mahométans. On sait combien leur maître eut à se repentir dans la suite de n'avoir pas borné cette demande à un certain contingent d'hommes & d'argent.

Urbain II, comme l'observe l'abbé Velly, voulant augmenter l'autorité du Saint-Siége par la conquête d'un nouveau royaume, & sentant bien que ce n'étoit pas d'Italie que Constantinople devoit attendre des secours, se rendit à un autre concile à Clermont en Auvergne, où se trouvèrent aussi treize archevêques, deux cent vingt-cinq évêques, plus de trois cens abbés, & une multitude prodigieuse de toutes sortes de personnes. Les discours du Pape y firent couler des larmes comme à Plaisance. La harangue qu'il prononça dans la grande place, peignit d'une manière si pathétique & si frappante la profanation des lieux saints, la misère & l'opprobre des chrétiens d'Orient, le péril où l'audace

& les progrès des infidèles mettoient l'Europe entière, que tous les auditeurs s'écrièrent d'une voix : *Diex el volt, Dieu le veut*; mots qui furent long-temps le cri de guerre & la devise des croisés. C'est ainsi qu'on appela ceux qui s'enrôlèrent pour cette expédition, parce qu'ils portoient une croix rouge sur l'habit.

Ce qui fut moins imposant, mais presque aussi singulier dans ce même concile tenu en France, c'est que le Pape, né François, y excommunia pour la seconde fois le roi Philippe I, qui avoit répudié dès 1091 sa femme Berthe de Hollande, dont il avoit eu plusieurs enfans, pour épouser Bertrade de Mont-fort, qu'il avoit enlevée à son mari Foulques-le-Réchin, comte d'Anjou. C'est cette Bertrade, qu'à l'exemple de Sainfoix, & par les mêmes motifs, nous avons qualifiée de concubine. La mort de Berthe avoit fait espérer qu'au-lieu de lancer une seconde excommunication, le Souverain Pontife leveroit la première qu'il avoit fulminée dès 1094.

Ce fut aussi dans ce concile de Clermont, ainsi que l'observe le président Hénault, que, pour la première fois, le titre de Pape fut donné au chef de l'église Latine, à l'exclusion des évêques qui le prenoient auparavant, & que Hugues, archevêque de Lyon, obtint du Souverain Pontife la confirmation du droit de primatie des Gaules, en faveur de son Eglise sur celle de Sens. L'archevêque de Rouen n'en garda pas moins son titre & ses prérogatives de primat de Neustrie.

Les prélats Normands revenus du concile se rassemblèrent à Rouen avec ceux qui étoient restés en Normandie, & tous en approuvèrent les ordonnances. Une des principales étoit de communier en recevant séparément le pain & le vin ; ce qui prouve que l'usage des deux espèces subsistoit encore. Comme il n'y avoit pas alors de contestation dans la catholicité sur la présence réelle, nos lecteurs nous dispenseront de leur analyser ce qu'ont écrit à ce sujet Duperron, contredit par Mornay, par le Faucheur & Pierre Dumoulin, & Bossuet contredit par Claude, Basnage & Jurieu. Le sixième canon du concile de Rouen qui nous

1096.

occupe, renferme un reglement particulier dont il n'avoit point été question dans celui de Clermont. On y enjoint à tous les Fidèles de se couper les cheveux, & l'on prive de la communion & même de la sépulture ecclésiastique ceux qui les porteront trop longs. En cette même année 1096, le roi Philippe fut enfin réconcilié à l'Eglise par Urbain II au Concile de Nîmes.

Le duc Robert, exalté par son héroïsme romanesque, & considérant, comme le remarque Gabriel Dumoulin, que son état étoit décousu & morcelé; que le prince Henri retenoit Domfront & la meilleure partie du Cotentin; que le roi d'Angleterre possédoit en Normandie plus de vingt places ou châteaux, & ne cessoit d'intriguer & de remuer pour en avoir davantage; que le comte d'Eu, Etienne d'Aumale, Girard de Gournay, Raoul de Conches, Robert, comte de Meulan & de Beaumont-le-Roger, Gautier Giffard ou Guiffard, comte de Longueville, Philippe de Brayeuse, Richard de Courci, & beaucoup d'autres seigneurs, irrités de ses dissipations ou séduits par les offres de son

son frère, penchoient pour l'Anglois ; Robert, dis-je, crut s'assurer à-la-fois la conservation de son duché & l'expiation de ses fautes en se croisant pour la Palestine ; & pour subvenir aux dépenses de cette guerre, il fit proposer à Guillaume le-Roux de lui engager la souveraineté, la jouissance du Maine & de la Normandie l'espace de cinq années, moyennant la somme de treize mille six cens marcs, dont dix mille pour la seule Normandie, & le reste pour le Maine. Cette dernière province, à la vérité moins peuplée, moins riche & moins soumise que l'autre, n'étoit pas encore estimée le dixième de sa valeur. On juge avec quel empressement le marché fut accepté. Le roi d'Angleterre, pour satisfaire plus vîte au paiement crainte de rétractation, contraignit les evêques, les abbés & les abbesses de ses états à découvrir les châsses, les reliquaires & les crucifix revêtus d'or ou d'argent, & à fondre les calices. Son argent rassemblé, il passe la mer au mois de septembre, le prête à son frère, &, après avoir reçu le Maine & la Nor-

Tome II. B

mandie pour gages, il repaſſe en Angleterre.

A peine fut-on délivré des chaleurs de l'été, que Robert, accompagné d'un nombreux cortége de nobleſſe intrépide & brillante, ſe rendit en Italie & de-là en Paleſtine.

CHAPITRE LXVII.

Regne de Guillaume-le-Roux, neuvieme Duc de Normandie.

Quoique Guillaume-le-Roux ne fût proprement qu'engagiste, régent ou vice-duc de Normandie, cependant à cause de la pleine souveraineté qu'il y exerça, nous le compterons pour neuvième duc, à l'exemple de Nagerel, de Masseville & de beaucoup d'autres. La cession du Maine & de la Normandie agrandissoient les possessions de ce prince sans assouvir son avidité. A peine fut-il installé qu'il rompit avec le roi de France, auparavant son allié, pour entrer dans quelques places du Vexin François qu'il prétendoit appartenir au duché de Normandie, & que Philippe prétendoit être dans son domaine. Guillaume, pour contenir les François, fit bâtir Gisors sur les desseins de Guillaume de Bellesme.

1096.

La guerre se fit avec une incertitude ou égalité de succès dont les deux monarques se lassèrent également; en-sorte que l'année suivante, en 1097, ils firent la paix en laissant les choses dans le même état où elles se trouvoient avant les hostilités. Guillaume appaisa dans le même temps les nouveaux orages que pensèrent lui susciter les Ecossois & les Gallois; mais un ennemi beaucoup moins puissant, beaucoup moins dangereux en apparence, lui devint beaucoup plus redoutable en effet. Elie, comte de la Flèche, appuyé par le comte d'Anjou, fit valoir de fortes prétentions de sa femme issue des anciens comtes du Maine, & celles de sa mère, sœur de la marquise de Ligurie. Il prétendit aussi devoir étendre sur toute la province du Maine l'usufruit de quelques portions que Robert Courte-Heuse lui avoit accordé pour dix mille sous Manceaux. Ce Seigneur s'introduisit en force dans la ville du Mans, & mit le siége devant la citadelle défendue par une garnison Angloise & Normande.

1098.   Guillaume étoit à la chasse dans la forêt-neuve, lorsqu'on lui apporta cette nouvelle. Furieux, il tourne la bride de son cheval, & se rend au galop à Darmouth sur le bord de la mer, jurant qu'il ne s'arrêteroit qu'après s'être vengé. Le temps étoit mauvais: les marins lui représentèrent le danger. *Partons*, dit-il en s'élançant dans le vaisseau : *je n'ai jamais entendu dire qu'un roi se fût noyé*; mot digne de son père, & qui rappelle celui du vainqueur des Gaules & de Pompée: *tu portes César & sa fortune*. Cette vigueur & cette célérité furent couronnées par le succès. Guillaume, heureusement arrivé à Barfleur, ramassa diligemment les forces qu'il avoit en Normandie, délivra la ville & la citadelle du Mans, reprit les autres places dont Elie s'étoit emparé, fut blessé devant un château (*a*) qu'il assiégea sur le propre territoire du comte de la Flèche, n'en poursuivit pas moins ses succès, fit le Comte prisonnier, le traita noblement, & conclut une paix qui le réintégra dans la possession du Maine.

1099.

Sur ces entrefaites, Guillaume,

―――――――――――――――――

(*a*) Vraisemblablement le château du Loir.

B iij

comte de Poitou & duc de Guyenne, enflammé de la fauſſe gloire & de la piété mal-entendue qui tranſportoient alors tous les eſprits, ſe mit à la tête de plus de cent mille hommes, moitié cavalerie moitié infanterie, pour ſe joindre aux cinq ou ſix millions de perſonnes de tout ſexe & de toute condition, qui avoient déjà voulu tranſ-migrer d'Europe en Aſie, & dont les trois quarts avoient péri avant de mettre le pied dans la Paleſtine. Les excès & les malheurs des premiers croiſés ne le rebutèrent point; mais comme il manquoit de l'argent néceſ-ſaire pour conduire cette nouvelle multitude à la Terre-Sainte, il ſuivit le dangereux exemple du duc de Nor-mandie, en propoſant au roi d'Angle-terre de lui engager ſes états pour une certaine ſomme.

L'offre fut acceptée. Déjà Guil-laume-le-Roux avoit préparé une flotte & une armée pour eſcorter l'argent, & pour aller prendre poſſeſſion des deux riches provinces, lorſqu'un accident mit fin à ſa vie tumultueuſe & à ſes projets avides. Il étoit à la chaſſe dans la nouvelle forêt, occupé de poursuivre un cerf qu'il avoit blessé. Gautier Tyrrel, chevalier François renommé par son adresse à tirer de l'arc, décoche une flèche contre ce même cerf qui s'élançoit devant lui. La flèche effleurant un arbre auprès duquel étoit le Roi, l'atteignit dans le sein, & le tua sur-le-champ. Tyrrel aussi-tôt, sans rien dire à personne, piqua des deux, gagna le rivage, s'embarqua pour la France, &, pour expier son crime involontaire, il se joignit aux croisés qui partoient pour Jérusalem. Des gens de la campagne trouvèrent le cadavre de Guillaume qui fut enterré sans pompe à Winchester. Ainsi périt ce prince le 2 Août 1100, à l'âge d'environ trente-quatre ans, & après un règne de treize, dont deux sur la Normandie & le Maine joints à l'Angleterre. Sa mémoire est à la vérité trop noircie par les moines qui ont écrit son histoire; mais généralement il n'emporta ni ne mérita les regrets de ses sujets qu'il accabloit d'impôts, non plus que de ses voisins qu'il cherchoit à piller ou à tromper. On cite de lui des traits d'avarice & de plaisanterie, dans le goût de ceux de l'ancien Denis de

1100.

Syracuse, contre les richesses & les ministres du culte religieux. Il avoit achevé la tour de Londres commencée par son père, & bâti le pont de Londres & la salle de Westminster. N'ayant pas été marié, il ne laissa pas de postérité légitime. A sa mort on remarqua que Richard son frère aîné & Richard son neveu, fils naturel de Robert-Courte-Heuse, avoient péri dans la même forêt par des accidens à-peu-près semblables. Cela fut regardé comme une punition des violences dont Guillaume-le-Conquérant s'étoit rendu coupable, en chassant les habitans de ce terrain, pour leur substituer des bêtes fauves. Dans la onzième année de son règne, Magnus, roi de Norvége, avoit fait une descente dans l'île d'Anglesey, cherchant à profiter des troubles qui venoient de s'élever entre les Anglois & les Gallois; mais il fut repoussé, & ce fut la dernière entreprise des nations du nord contre l'Angleterre. Un pareil événement ne tient pas assez à notre sujet pour être traité avec détail, de même qu'il n'y est pas assez étranger pour être absolument omis.

CHAPITRE LXVIII.

Du Mahométisme & des Croisades. Exploits de Robert en Palestine. Son mariage en Italie. Henri, le dernier de ses freres, le supplante encore au trône d'Angleterre.

IL N'Y auroit point eu de croisades si les chrétiens eussent été réellement pénétrés des préceptes & des exemples de leur céleste législateur. Le caractère de Jesus-Christ, à ne considérer pour le moment que sa seule humanité, n'étoit-il pas la philantropie la plus universelle, relevée par le plus haut respect pour la Divinité ? A sa bonté touchante & inépuisable, à ses instructions onctueuses & sublimes, à sa pureté angélique, ce divin maître ne joignit-il pas une humilité sans bassesse, une dignité tempérée par la douceur, un désintéressement inaltérable, une constance & une ardeur sans exemple pour le bien, une force d'ame tranquille sans insensibilité comme sans parade, ainsi que l'ont remarqué tous les observateurs éclairés de toutes les communions du christianisme ?

A Dieu ne plaise que nous imitions l'ignorance ou l'impiété de ceux qui n'ont pas rougi de mettre Mahomet sur la même ligne, & quelquefois au-dessus ! Mais enfin nous aurons le courage de dire, & nos lecteurs celui de convenir que ce n'étoit pas à des chrétiens à méconnoître le caractère d'hommes & de frères dans les sectateurs de ce prétendu prophète. L'excellent précis que nous a donné M. Savary sur le fondateur de l'Islamisme, est un bon préservatif des erreurs où quelques écrivains occidentaux nous entraînoient sur son compte. Voltaire lui a rendu plus de justice dans l'histoire qu'au théâtre. Les disciples de ce fameux sectaire, plus enthousiastes & plus intolérans qu'il ne l'étoit lui-même, comme c'est l'ordinaire, ont souvent gâté sa morale en propageant ses dogmes. Il montra plus d'une fois l'imagination d'Homère, la prudence de Numa, la modération de Solon, l'austérité, la fermeté de Lycurgue, le courage & la clémence de César. Il arracha beaucoup de nations & de

contrées aux extravagances du polithéisme & de l'idolâtrie, à la barbarie des sacrifices humains, aux brutalités de l'ivrognerie, aux friponneries de l'usure, aux vices de la fainéantise, aux maladies de la malpropreté. En permettant & restreignant la continuation de l'antique polygamie de son pays & de son climat, il n'ordonna ni la vente ni l'esclavage des femmes, ni la mutilation des hommes. Beaucoup de nos auteurs ont commis envers lui sur ce chapitre la même injustice dont se rendroit coupable un Musulman qui rejeteroit sur les ministres de l'Evangile l'infâme traite des nègres, & l'opération non moins infâme exercée sur plusieurs musiciens des temples du christianisme. On seroit presque tenté d'appliquer à Mahomet ce que M. Roucher, dans une note du neuvième chant de son Poëme des Mois, a dit pour la justification de Pythagore & de Neuton; «*Si pour*
» *être compté au rang des sages* & *des*
» *bienfaiteurs de l'humanité, il falloit*
» *n'avoir enseigné que des vérités*
» *sans aucun mélange d'erreurs ou de*
» *ridicules, quels noms trouverions-*

» nous exempts de cette tache dans
» l'histoire de la philosophie & des
» sciences ? Disons au contraire que la
» perfection n'est point le partage de
» notre pauvre nature humaine; qu'il
» faut pardonner aux grands hommes
» leurs fautes en faveur d'une grande
» idée qui aura influé sur les lumières
» des générations futures ».

C'étoit donc en enseignant, en prouvant, en persuadant, comme dit Saint Paul, & non pas en attaquant, pillant & massacrant, qu'il étoit permis aux chrétiens de faire des tentatives pour la conversion des Musulmans; mais l'ignorance & le fanatisme, joints au concours de mobiles & de circonstances que nous avons rapportés dans le chapitre 65, l'emportèrent sur la justice & la raison. En vain Pierre l'Hermite & son collègue Gautier-Sans-avoir essuyèrent-ils d'abord des échecs qui ne préageoient pas les bénédictions du ciel pour ces saintes barbaries : rien ne put ralentir le zèle épidémique de ce temps-là. Entre les principaux croisés, on distinguoit Hugues-le-Grand, comte de Vermandois, frère du roi de France ; Robert comte de Flandre ; Baudouin, comte de Hainaut ; Raimond, comte de Toulouse ; Godefroy-de-Bouillon, duc de Lorraine ; Alain Fergent, duc de Bretagne ; Etienne, comte de Chartres, Bohémont, prince de Tarente, fils du célèbre Guiscard, & notre duc Robert.

L'histoire du dernier devenant presque étrangère à celle de la Normandie durant l'engagement qu'il en avoit fait à son frère, il nous suffit de rappeller succinctement qu'il soutint avec le plus grand éclat sa haute réputation de valeur à la prise de Nicée en Bithynie, & aux trois victoires remportées devant cette place en 1096 ; que son héroïque intrépidité ne se signala pas moins à la conquête de la Phrygie, de la Pamphilie, de la Cilicie en 1097, à celle d'une grande partie de la Syrie, ainsi qu'au siége & à la bataille d'Antioche en 1098 ; enfin, à la prise de Jérusalem emportée d'assaut le 15 Juillet 1099, avec massacre de plus de quarante mille Sarrazins.

Notre sujet ne nous oblige heureusement pas à retracer l'infernal tableau des vols, meurtres, viols, incendies, des horreurs de toute espèce dont la populace ou la soldatesque des croisés se souilla dans cette expédition. Nous disons populace ou soldatesque, parce qu'il est vrai que la plupart des chefs, coupables du seul délire d'avoir conduit une multitude d'hommes loin de leurs foyers pour un motif absurde, firent de leur mieux pour prévenir ou réprimer les écarts de cette multitude effrénée. Robert entr'autres captiva tellement l'estime & l'affection de l'armée, qu'elle voulut l'élire roi des pays conquis; mais l'espérance de monter sur le trône d'Angleterre, & la certitude de rentrer dans son duché de Normandie, l'empêchèrent d'accepter la couronne de Jérusalem. A son refus elle fut donnée à Godefroy de Bouillon, héros qui l'égaloit en magnanimité & & le surpassoit en sagesse.

Après cette élection & après la victoire qui l'affermit, Robert se remit en route pour revenir dans ses états. Passant par la Pouille, où le nom Normand étoit en vénération depuis les exploits des enfans de Tancrède, il épousa Sybille, fille de Godefroy comte de Conversane, & seigneur de Brindes. Son beau-père lui donna de quoi rendre à Guillaume le Roux le prix de l'engagement de la Normandie. Robert continuant sa route apprit la mort de ce frère plus politique & plus avide que tendre & généreux.

A cette nouvelle, il précipita sa marche pour recouvrer l'Angleterre en même-temps que la Normandie; mais ce fut en vain. Le Prince Henri, le dernier des fils de Guillaume-le-Conquérant en naissance, se trouvant sur les lieux, sut persuader aux Anglois qu'il devoit être le premier en prérogatives, attendu qu'il étoit né dans leur île, son pere étant roi. Guillaume de Breteuil & quelques autres seigneurs s'efforcèrent en vain de contrarier les projets de ce Prince. Il s'empara du trésor royal à Winchester, se rendit très-diligemment à Londres, y assembla quelques grands & prélats dévoués ou gagnés, & se fit couronner au bout de trois jours par l'évêque Maurice. Ces nouvelles firent rester ou revenir Robert dans la Pouille, ainsi que nous le verrons dans le chapitre suivant.

CHAPITRE LXIX.

Début de Henri dans l'exercice de la royauté. Vertus de l'épouse de Robert. Séjour de ce Prince en Italie. Son retour en Normandie. Sa descente en Angleterre. Les principaux adhérens des deux freres finissent par les réconcilier.

Henri avec l'avantage de succéder à un prince devenu odieux, eut beaucoup moins de peine à captiver le suffrage des Anglois. Afin de s'affermir encore mieux dans l'esprit des peuples, il chassa ce grand-tréforier Ralph ou Ranulphe Flambart, qui avoit obtenu du feu Roi l'évêché de Durham pour prix de son habileté ou de son audace à extorquer l'argent des peuples. De plus, Henri s'occupa de réformer les vices de la cour, fit publier un Écrit sévere contre les malfaiteurs & les adultères, décerna la peine de mort contre ceux qui abuseroient de leur autorité pour fouler le peuple, abolit le couvre-feu que les Anglois regardoient moins comme une règle de police que comme une gêne de servitude, & couronna toutes ses opérations par une charte confirmative ou conservatoire des priviléges du clergé, de ceux de la noblesse & du tiers-état. Une telle conduite enthousiasma tous les ordres, & les prêtres portèrent la reconnoissance jusqu'à fermer les yeux sur l'irrégularité avec laquelle, malgré la charte même, il s'approprioit le revenu de quelques bénéfices vacans, entr'autres celui de l'évêché de Durham pendant cinq années. Il eut aussi la prudence de se raccommoder avec le primat Anselme, de le faire revenir en Angleterre, & de le mettre dans ses intérêts au point de lui faire approuver ou légitimer son mariage avec Mathilde, fille de Malcolm roi d'Écosse, & de Marguerite sœur d'Edgar Atheling, malgré les obstacles que faisoit naître le voile que cette princesse avoit porté dans un couvent.

Soit que Robert apprenant l'installation de son frère au Trône, crût inutile d'accélérer son retour dans ses états, soit que l'amour ou la paresse le retînt en Italie, toujours est-il vrai que loin de satisfaire à l'empressement qu'il avoit d'abord témoigné de revenir en Angleterre ou en Normandie, il séjourna près d'une année chez son beau-père. Au reste, les charmes & les vertus de sa nouvelle épouse étoient bien faits pour le retenir. On raconte de cette princesse que pendant le sommeil de son époux, elle suçoit la plaie qu'un trait empoisonné lui avoit faite au bras droit. Cette nouvelle Alceste, qui se dévouoit à l'insu de son mari, eut la satisfaction de le guérir sans ressentir elle-même aucune incommodité.

1101. Robert, muni des sommes que son beau-père lui avoit données en guise de dot pour soutenir ses droits & ses prétentions, partit enfin. Arrivé & reconnu sans obstacle en Normandie, il apprit qu'Élie de la Flèche, après diverses fortunes de guerre, étoit rentré en possession du Maine; mais la perte de cette province lui tenant moins au cœur, & d'ailleurs étant plus facile à réparer que celle d'un royaume, il se mit bientôt en mer pour l'Angleterre. Robert de Montgommery-Bellesme, comte d'Arundel & de Shrewsbury, Arnoul de Montgommery son frère; Guillaume de Varenne, comte de Surrey; Gautier Guiffard, Robert de Pontfarci, Robert Malet, Yves ou Hugues de Grenteménil & plusieurs autres barons Normands étoient dans ses intérêts, & l'avoient déterminé à cette tentative. Ranulphe, cet ancien évêque de Durham, ministre de Guillaume le Roux, s'étant échappé de sa prison, vint auprès de Robert ajouter, par ses exhortations, au desir que ce prince avoit de recouvrer le sceptre usurpé par son frère.

Robert aborde le plus heureusement en Angleterre. Une partie de la flotte & de l'armée de son frère subjuguées par l'éclat de sa réputation plus encore que par l'évidence de son droit, se donnent à lui. Henri non moins inquiet pour sa vie que pour son trône, fait sa cour au primat Anselme, qui, flatté des promesses & de la soumission de son Souverain, rétablit en sa faveur les dispositions de la plus grande partie du peuple & des troupes. Les comtes de Warwic & de Meulan, Robert Bigot, Richard Redviers & Robert Fitz-Hamon, barons Normands du parti du

Roi, conduisirent ... ses ordres une armée contre Robert, qui les attendoit de pied-ferme à Portsmouth.

Les deux frères près d'en venir aux mains, eurent quelques remords du sang qu'ils alloient verser pour leur querelle. Anselme & les barons Normands des deux côtés s'abouchèrent moins comme ennemis que comme anciens compagnons & compatriotes. Après quelques négociations, ils parvinrent à faire conclure une paix dans laquelle on convint :

Que Robert renonceroit à ses prétentions sur l'Angleterre, & recevroit en dédommagement une pension de trois mille marcs, avec le Côtentin & tout ce que son frère possédoit en Normandie, à l'exception de la seule place de Domfront.

Que si l'un de ces Princes mouroit sans postérité légitime, l'autre hériteroit de ses états.

Qu'il y auroit entier pardon & oubli de la part de chacun d'eux pour les adhérens du parti contraire.

CHAPITRE LXX.

Infidélités de Henri. Confiance indiscrete de Robert. Guerre entre les deux freres. Bataille de Tinchebrai. Réflexions sur la mort & la captivité du Duc de Normandie.

Henri qui gagnoit le plus au traité qui termine le chapitre précédent, n'en fut pas moins le premier à le violer. Sous divers prétextes, il persécuta tous les seigneurs qui s'étoient déclarés pour son frere, au point que celui-ci, désolé du sort de ses amis, hasarda de retourner en Angleterre, où il reprocha franchement à Henri son manque de parole. Le Roi, beaucoup moins franc que le Duc, abusa de sa confiance au point de le faire trembler pour sa liberté; ensorte que Robert, moitié par force, moitié dans l'espérance de piquer Henri d'honneur, se crut trop heureux d'obtenir sa sortie du Royaume en renonçant à la pension de trois mille marcs en faveur de la Reine sa belle-sœur & sa filleule.

1103.

Ce voyage indiscret, enrichissant encore Henri & appauvrissant Robert, acheva de perdre ce dernier qui, quoique plein de courage & de loyauté, n'étoit pas capable de gouverner un état. Partageant sa vie entre des pratiques superstitieuses & des excès de volupté, négligeant ses affaires, se laissant voler & jouer par ses serviteurs, ne sachant ni protéger ni contenir ses barons, il rendoit la Normandie malheureuse malgré son naturel bienfaisant; tant il est vrai, comme l'observe l'abbé Millot, qu'avec de la bonté sans sagesse, on peut être un mauvais prince! Ayons cependant la justice de considérer qu'à travers les folles dissipations de Robert, on découvre quelques dépenses utiles, telles, entr'autres, que la chaussée de Caen.

1104. Henri de son côté ne négligea rien pour souffler l'esprit de révolte & de mécontentement parmi les Normands, qui commençoient à regretter que leur prince légitime ne sût rien imiter du gouvernement sage & régulier que cet usurpateur avoit établi en Angleterre.

Ces menées artificieuses, ces sourdes

manœuvres de Henri, trop secondées par l'inconduite perpétuelle de son frere, durerent plus d'une année, pendant laquelle il fit en Normandie un voyage où la politique & l'ambition, pour ne pas dire la perfidie, prirent le masque de la plus tendre amitié. Enfin en 1105, après avoir extorqué des Anglois de grosses sommes avec une armée nombreuse, il se présente en forces en Normandie, s'empare de Bayeux après un long siége, entre à Caen qui lui ouvre ses portes, & n'est repoussé qu'à Falaise sur la fin de la campagne.

L'année suivante, il débute par le siége de Tinchebrai. Ralph-Flambart, tournant sans cesse au vent de la fortune, se raccommode alors avec lui & rentre dans son évêché de Durham. Robert, secondé par le comte de Mortagne, ou plutôt de Mortain, & par celui de Bellesme, qui l'avoient traversé dans d'autres circonstances, mais qui le servoient dans celle-ci par haine contre son frere, leve une armée considérable, & s'approche de l'ennemi dans la résolution de terminer cette guerre par une journée décisive.

Les Normands, enflammés par son exemple, firent d'abord plier les Anglois. Mais Elie de la Flèche, comte du Mans, ayant mis en fuite le corps de Percherons commandés par Bellesme, & ce seigneur lui-même en déroute avec eux, cet événement changea la face du combat. Les prodiges de valeur de Robert n'empêcherent point la victoire de se déclarer pour Henri, qui, après un massacre effroyable de ses ennemis, fit prisonniers quatre cens Chevaliers & dix mille soldats. Il fut principalement redevable de ce grand succès aux Bretons, dont le duc Alain Fergent, peut-être en haine de l'hommage exigé par la Normandie, avoit embrassé la cause Angloise. Robert lui-même fut pris par Guillaume d'Aubigné, chef d'une troupe de ces braves auxiliaires qui le livrerent à son frere.

Henri souilla son triomphe par un trait d'ingratitude & d'atrocité. Oubliant avec quelle générosité Robert lui avoit jadis envoyé de l'eau & du vin au mont Saint-Michel (*voyez le chap. 63,*) il eut l'inhumanité de le renfermer au château de Cardiff en Angleterre,

Angleterre, de le priver de la vue en lui faisant passer devant les yeux un bassin de cuivre ardent, & de le laisser languir dans cette prison jusqu'au dernier moment de sa vie, qui fut encore de dix-huit ans, selon quelques historiens, de vingt-huit selon d'autres.

Ainsi finit l'un des plus vaillans princes de son siecle, qui, comme l'observe Masseville, étant fils aîné de roi, se vit enlever deux fois la couronne par ses freres, & ne refusa celle de Jérusalem que pour venir tomber chez son cadet dans la plus affreuse captivité. Ce n'étoit pas à ces deux freres, à la vérité moins dissipés, moins dérangés, moins négligens, mais aussi exacteurs, plus méchans, & sans contredit infiniment moins généreux & moins francs que lui; ce n'étoit pas, dis-je, à eux qu'il appartenoit de lui faire expier si cruellement son ancienne révolte contre un pere qui lui avoit pardonné. Assurément la tache éternelle que la reine Elizabeth a mise à la gloire de son regne par le supplice & la captivité de Marie Stuart, n'est pas encore monstrueuse que le traitement exercé par Henri l'Usurpateur sur son malheureux frere. On ne peut le comparer dans l'histoire de France & d'Angleterre qu'à la cruauté de François I, duc de Bretagne, envers l'infortuné prince Gilles ; encore est-il plus odieux, puisque François I, horriblement trompé dans cette fatale circonstance, mais possédant de grandes qualités d'ailleurs, n'avoit point enlevé de trône, extorqué de l'argent & des domaines, ni ravi de souveraineté à son frere. Le crime n'ayant pas besoin d'être calomnié pour paroître dans toute sa difformité, la justice sévere avec laquelle nous sommes malheureusement forcés de juger Henri I, ne sera pas outrée jusqu'à l'assimiler à l'exécrable Richard III, l'un de ses descendans en ligne féminine & de ses successeurs à la couronne d'Angleterre.

Edgar Atheling, pris dans le parti de Robert, obtint la liberté avec une médiocre pension en faveur de sa proche parenté avec la Reine. Hume se trompe en disant qu'il vécut tranquille sous le regne de trois violens usurpateurs, & concluant qu'étant le seul héritier du sang-royal Anglo-Saxon, ses talens devoient être fort bornés. Nous avons vu sous le regne de Guillaume-le-Conquérant, qu'il fit la guerre à ce Prince, qu'ensuite il alla se signaler aux croisades; & nous voyons qu'à son retour en Europe il est pris les armes à la main, en combattant pour le duc de Normandie contre le roi d'Angleterre. Cette existence & ses alliances avec l'Ecosse ne ressemblent point à la nullité. C'est, sans doute, à sa prudence qu'il dut la douce & tranquille obscurité dont il jouit le reste de ses jours sous un prince ombrageux, auquel bien lui en avoit pris d'avoir donné sa niece en mariage.

HENRI I,
Roi d'Angleterre
et dixieme Duc de Normandie.

CHAPITRE LXXI.

Premieres aventures de Guillaume Cliton. Affaires de Henri avec son Clergé d'Angleterre. Morts remarquables. Mariage de la Princesse Mathilde avec l'Empereur Henri V.

La bataille de Tinchebrai rendit Henri tout-à-fait maître de la Normandie. Ce Prince en agit mieux avec son neveu Guillaume qu'avec son frere Robert. Le premier n'ayant encore que six ans, & fait prisonnier ainsi que son pere, fut traité d'abord avec égard, & confié à la garde d'Elie de Saint-Saen, mari d'une fille naturelle du Prince vaincu. Mais à peine Henri fut-il couronné dans Rouen duc de Normandie, que sa politique avide &

sombre prit la place de la générosité, & qu'il voulut faire partager au jeune Guillaume le triste sort de son pere. Saint-Saen, appuyé du comte d'Anjou, trouva le moyen de le faire évader.

Henri dissimula d'abord son ressentiment & ses poursuites, parce que le conflit des prérogatives royales & des prétentions ecclésiastiques sur la question de l'investiture des évêchés & autres grands bénéfices, l'occupa considérablement en Angleterre. Il saisit à différentes reprises le temporel du primat Anselme & de plusieurs prélats. L'appui du pape Paschal II, l'adresse de la cour de Rome, les prédications du clergé, le soulevement ou la superstition des peuples, forcerent le Roi, tantôt à céder tout, tantôt à partager le différend, en laissant au souverain Pontife la nomination des bénéfices, & se contentant d'en recevoir l'hommage. Henri restitua les revenus confisqués, & donna même son consentement à un synode de Westminster qui interdisoit les cheveux longs aux laïcs, leur défendoit le mariage au septieme degré d'affi-

1107.

nité, & le prohiboit absolument aux prêtres.

Ces sortes d'affaires, plus propres à l'histoire de l'Église & à celle d'Angleterre qu'à un Essai sur l'Histoire de Normandie, furent souvent communes à plusieurs potentats de l'Europe, entr'autres aux rois de France & aux empereurs d'Allemagne. Et pour n'y plus revenir dans le règne dont il s'agit, disons ici qu'environ vingt ans après, c'est-à-dire, vers 1127, sous le pontificat de Calixte II, Henri fut obligé de recevoir le cardinal de Créma comme légat de Rome ; que ce légat convoqua dans Londres un concile où furent prononcées les peines les plus sévères contre les ecclésiastiques mariés ; qu'il déclama dans un discours public contre ces sortes de mariages au point de les envisager comme autant de profanations & de prostitutions abominables ; qu'il y avoit dès lors en Angleterre, comme de nos jours en France, des orthodoxes zélés qui, pour obvier à de plus grands inconvéniens, desiroient, & le mariage ecclésiastique tel que l'ont conservé plusieurs communions chrétiennes réunies à l'église Latine, & le divorce en certains cas tel qu'il subsiste dans la Pologne catholique. Leur vœu parut justifié par l'accident burlesque & honteux qui survint au rigoriste Légat. Des officiers de police en faisant leur visite nocturne, surprirent ce cardinal au lit avec une courtisane dans une maison de débauche. L'archidiacre Huntington, contemporain, s'excuse de rapporter le fait ; mais, ajoute-t-il, la notoriété ne me permet pas de le cacher. Le ridicule d'une telle aventure fit sortir promptement le Cardinal du royaume. Le concile se sépara ; mais les canons contre les mariages ecclésiastiques n'en furent pas moins exécutés avec plus de rigueur que jamais. Malgré ces nuages, Toustain, gentilhomme Normand, que le Roi avoit nommé à l'archevêché d'York en 1120, illustroit alors l'église d'Angleterre par ses lumières & par ses vertus. Dominé par les principes du haut clergé de ce temps, il tint quelquefois tête à ses souverains pour les prérogatives de son corps ; il leur fut aussi très-souvent utile, même à la tête des armées ; car les ecclésias-

C iv

tiques d'alors, comme ceux de l'ancienne loi, ne se faisoient aucun scrupule de combattre.

En 1108 moururent Philippe I, roi de France, & Élie de Saint-Saen, dont la perte n'eut gueres moins d'influence sur le sort de la Normandie. Elle refroidit prodigieusement Foulques, comte d'Anjou, sur le sort de Guillaume Cliton; ensorte que ce jeune Prince alla chercher asyle & secours chez Baudouin, comte de Flandre.

En 1109 moururent le primat Anselme; Jean, archevêque de Rouen, & Guillaume, abbé de Cormeilles. La même année, Henri maria sa fille Mathilde à l'empereur d'Allemagne Henri V.

CHAPITRE LXXII.

COMMENCEMENT *de la rivalité de la France & de l'Angleterre. Armées, incendies & ravages en Normandie. Bataille de Brenneville, suivie de la paix dans laquelle sont oubliés les intérêts de Guillaume Cliton.*

Nous atteignons l'année 1110, époque célebre de la rivalité de la France & de l'Angleterre, époque depuis laquelle, jusqu'au regne si agité de Charles VII, on ne vit plus qu'une alternative de guerres & de treves entre ces deux puissances. Dans un espace de trois cent-cinquante ans, elles furent l'une avec l'autre plus de cent vingt traités presqu'aussi-tôt rompus que signés. L'étude approfondie des faits & non pas une aveugle prévention pour notre patrie, nous force à convenir avec Sainfoix que le tort fut presque toujours du côté de l'Angleterre; & ce tort s'est prolongé presque sans interruption depuis Charles VII jusqu'à nos jours.

C v

La forteresse de Gisors, située sur les frontieres de l'Isle-de-France & de la Normandie, fut le sujet de la premiere querelle. On étoit convenu que cette place resteroit neutre, ou que si elle tomboit entre les mains d'un des deux Princes, elle seroit rasée dans l'espace de quarante jours. Le gouverneur Pagan ou Payen, s'étant laissé corrompre par les dons, les promesses ou les menaces, livra Gisors au roi d'Angleterre. Louis-le-Gros, informé de cette infraction, envoie un gentilhomme demander à Henri ou la démolition du château, ou le combat corps-à-corps. Henri ne répondit à la proposition que par de froides plaisanteries. On en vint à une action; les Anglois furent repoussés jusqu'à Meulan.

La ressource du vaincu fut premierement de soulever contre le roi de France plusieurs de ses grands vassaux, entr'autres Thibaut, comte de Champagne, de Chartres & de Blois, prince remuant & chicanneur qui s'irritoit de ce qu'on lui avoit refusé la permission de bâtir une forteresse sur le domaine royal : en second lieu, d'en détacher un grand nombre de leur confédération avec leur suzerain, entr'autres Foulques V, comte d'Anjou, marié en secondes noces avec la fille unique d'Elie de la Flèche, & par-là devenu comte du Maine. Foulques porta la complaisance jusqu'à donner à Guillaume Adelin, fils de Henri, la main de Sybille, sa propre fille du premier lit, qu'il avoit jadis promise à Guillaume Cliton.

LOUIS, ainsi traversé, n'eut rien de mieux à faire que de conclure la paix avec le roi d'Angleterre. Par cette paix, il reconnut le comte d'Anjou pour comte du Maine, sous les conditions de l'hommage au roi d'Angleterre, duc de Normandie, & & céda Gisors à Guillaume Adelin (*a*) en recevant son hommage pour la Normandie, parmi les ducs de laquelle

1118.

___

(*a*) Le surnom Saxon de Guillaume Atheling, Adelin ou Edeling, & le surnom Neustrien de Guillaume Cliton ou Kleitouen, avoient également une origine Celtique que M. le Brigant développera dans son glossaire, & qui signifioit pour chacun d'eux *sorti de noble lieu, de haut parage, d'illustre maison*.

les Historiens ne le comptent cependant pas, attendu qu'il mourut avant son pere qui ne cessa d'exercer la souveraineté dans cette province. Henri se fit renouveler par le même traité la mouvance de la Bretagne avec celles des comtés du Mans & de Bellesme.

La guerre recommença en 1118 par les mouvemens qu'il y eut en Normandie en faveur de Guillaume Cliton, protégé secretement par la France. Dès 1117, les ambassadeurs de Henri avoient su gagner le Pape & les peres du concile de Reims qui, sollicités par Louis-le-Gros, commençoient à s'intéresser pour le fils de l'infortuné Courte-Heuse. En 1119, il y eut une vive escarmouche auprès d'Andely, dans laquelle Henri I & Guillaume Cliton signalerent leur valeur & coururent beaucoup de danger. Le premier resta maître du champ de bataille, & remporta depuis un avantage plus considérable dans la plaine de Brenneville, où les deux armées se rencontrerent entre Andely & Noyon-sur-Andele. La victoire fut très-disputée : Henri la dut principalement au renfort de Bretons que lui avoit envoyé Conan-le-Gros, auquel il avoit fait épouser une de ses bâtardes, & qui étoit fils & successeur d'Alain Fergent. Ce fut à cette action que Louis-le-Gros, pressé par un Anglois qui vouloit le prendre, le tua en disant : *Ne sais-tu pas qu'aux échecs le Roi n'est jamais pris ?* La malheureuse Normandie comptant alors quatre ducs vivans, les deux freres Henri & Robert, & les deux cousins-germains Guillaume Adelin & Guillaume Cliton, étoit en proie aux ravages de trois ou quatre armées qui brûloient respectivement les villes, les châteaux & quelquefois jusqu'aux villages contraires. Evreux, Pont-Saint-Pierre & Neubourg, Laigle & Dangu furent du nombre des places incendiées, les trois premieres par les Anglois, les deux autres par les François. Mais un des traits les plus affreux de cette guerre, moitié civile, moitié étrangere, fut la flèche que Julianne, épouse du comte de Breteuil, lança contre Henri son pere naturel, qui l'assiégeoit dans le château de Breteuil. Cette flèche n'atteignit point le Roi, & la comtesse fugitive perdit son château. Enfin cette déplorable guerre se termina par un accommodement auquel le pape Calixte II, prince de la maison de Bourgogne & parent des deux Rois, eut la gloire de coopérer par lui-même & par ses légats. On se remit de part & d'autre dans l'état antérieur aux hostilités, sans paroître s'occuper des intérêts de Guillaume Cliton.

CHAPITRE LXXIII.

Naufrage de la famille royale d'Angleterre. Incursion des Gallois. Second mariage de Henri. Nouvelle guerre entre ce prince & le parti de Guillaume Cliton.

Les succès de Henri furent bientôt empoisonnés par le terrible accident arrivé dans sa famille. Le 25 Novembre 1120, ce prince mit à la voile de Barfleur pour retourner en Angleterre. Son fils s'étant embarqué sur un autre vaisseau, eut l'imprudente libéralité de donner trois muids de vin aux mariniers. La jeune noblesse qui l'accompagnoit se livra toute entière à une débauche effrénée. Les matelots burent à l'excès ; & Thomas, patron du navire, fils d'Etienne Ayrard, qui avoit passé Guillaume-le-Conquérant en Angleterre, ne se modéra guères plus que les autres. Deux bénédictins de Tiron & plusieurs seigneurs, entr'autres Etienne, comte de Boulogne, Guillaume de Roumare, le chambel-

1120

Ian Rabel & Edouard de Salisbury, voyant la mauvaise conduite des chefs dans un petit vaisseau déjà chargé de plus de trois cens personnes, à cause de l'empressement général à se trouver auprès du fils du Souverain, eurent la prudence d'en sortir & de passer sur un autre. Bientôt l'imprudent Thomas fit déployer toutes les voiles; mais comme les fumées du vin l'empêchoient de diriger le gouvernail & la manœuvre, il donna sur un écueil avec tant de violence que le vaisseau s'ouvrit de toutes parts. On mit aussitôt la chaloupe en mer pour sauver le prince, & il approchoit déjà du rivage, lorsqu'il s'entendit appeler par sa sœur naturelle Matilde ou Mahaud, comtesse de Mortagne. Il retourna vers le vaisseau qui n'étoit pas encore submergé, pour tâcher de la prendre avec lui; mais il se jeta tant de monde à-la-fois dans la nacelle, qu'elle enfonça, & que tous ceux qu'elle portoit furent noyés. Tous ceux qui étoient restés dans le vaisseau eurent le même sort, excepté un boucher de Rouen qui s'empara du mât & fut recueilli le lendemain matin par trois pêcheurs. Thomas

Ayrard, après avoir plongé quelque temps, revint sur l'eau, nagea vers le boucher, & lui demanda ce qu'étoit devenu le prince. Apprenant qu'il avoit péri, *je ne veux pas*, dit-il, *lui survivre*, & il disparut dans les flots. L'évêque & plusieurs autres entendirent du rivage de Barfleur les cris de ces malheureux, qu'il leur fut impossible de secourir. Ainsi périrent Guillaume Adelin, Richard son frere naturel, Mahaud, comtesse du Perche leur sœur, Richard, comte de Cestre, & sa femme Matilde ou Lucie, mere du roi d'Angleterre & sœur de Thibaut comte de Blois; Geoffroy Ridel, Robert Mauduit, Gilbert ou Geoffroy de Laigle qui s'étoit attaché au même mât que le boucher, jusqu'à ce que le froid de la nuit lui fît lâcher prise; Guillaume Bigot, Guillaume de Pirou, Hugues des Moulins, le jeune Thierry, neveu de Henri empereur d'Allemagne; les fils de Yves de Grente-Menil, Guillaume de Redolent, Raoul le Roux & Gilbert d'Hyèmes, tous deux regardés comme la fleur des Chevaliers; plusieurs autres seigneurs & gentilshommes; tous les chapelains du

Roi, dix-huit dames, filles, sœurs, nieces ou femmes de rois ou de comtes, cent-cinquante soldats, cinquante matelots & trois pilotes.

Cependant Henri s'avançoit avec sécurité dans le port de Southampton. Débarqué sans accident, & ne voyant pas arriver le vaisseau de son fils qu'on appeloit la *Blanche-Nef*, il crut qu'il avoit jeté l'ancre quelque part. La nouvelle funeste ne parvint que le second jour aux oreilles des courtisans qui tous fondoient en larmes. Aucun n'osoit en parler au roi, qui demandoit sans cesse des nouvelles de son fils. Enfin le troisième jour, par l'industrie de Thibaut, comte de Blois, un enfant se jette aux pieds du monarque, & lui raconte le malheur de la Blanche-Nef. Le père infortuné tomba d'abord sans connoissance : on eut beaucoup de peine à le relever & à lui faire goûter la vie. Depuis ce cruel moment, on ne le vit jamais rire.

La mort tragique du fils de Henri fit revivre la faction du fils de Robert. Henri donna d'abord moins d'attention à ces mouvemens qu'à une irruption de Geoffroi, roi de Galles. Il fit rentrer ce prince dans ses états, & le força de donner quelqu'argent & mille bêtes à cornes pour réparation du dommage.

En 1121, considérant que sa seule postérité consistoit dans Matilde, épouse de l'empereur Henri V, & que sa succession pouvoit être envahie par une maison étrangère, il céda aux conseils & au desir de se remarier dans l'espérance d'avoir des enfans mâles. Adelaïde, fille de Geoffroi duc de Lorraine, niece du pape Calixte II, jeune princesse renommée par ses charmes & son caractère, reçut ses vœux & sa main, mais elle ne lui donna point d'enfans. Une partie de la noblesse Normande craignant alors de tomber sous la domination d'un maître étranger & très-éloigné, s'assemble à la Croix Saint-Leuffroi, & s'engage à retablir Guillaume Cliton dans le duché de ses pères. Amauri de-Montfort, comte d'Evreux, Valeran de Meulan, les seigneurs de Roumare, de Montfort-sur-Rille, de Beaumont-le-Roger, du Pontaudemer, de Neufchâtel, de Bray, de Gisors, &

plusieurs autres se déclarèrent en sa faveur. Le roi Louis-le-Gros promit de l'appuyer, & Foulques, comte d'Anjou, gagné par Amauri, s'empressa de lui donner avec le comté du Maine, cette même Sybille qu'il lui avoit successivement promise & refusée jadis, & qui étoit si récemment veuve de son rival.

Ni l'activité ni le bonheur de Henri ne l'abandonnèrent en cette crise pressante. Il commença par s'approprier la dot de sa bru qu'il ne voulut jamais rendre. Ayant passé la mer avec de grandes forces avant que la ligue eût pris beaucoup de consistance, il prit ou brûla les places des confédérés, entre autres Evreux, Gisors, Pontaudemer, Montfort-sur-Rille. Valeran de Meulan, pour sauver sa vie, lui abandonna tous ses châteaux; Hugues de Neufchâtel demeura cinq ans prisonnier; Hugues de Montfort ne recouvra sa liberté qu'au bout de dix-huit ans. Odoard du Pin, Geoffroi de Tourville & Luc de la Barre eurent les yeux crevés. Henri eut la petitesse cruelle d'en vouloir sur-tout à ce dernier pour quelques chansons satyriques qu'il eût été plus grand de pardonner avec tant de moyens de punir. La Barre, ne voulant point survivre à cet infâme traitement, se cassa la tête contre les murs de sa prison.

CHAPITRE LXXIV.

Avantages, alliances & négociations de Henri. Mort de Guillaume Cliton. Paix avec la France. Sacre des fils de Louis-le-Gros. Second mariage de Matilde. Chagrins, mort, & surnoms de Henri. Particularités sur ce prince.

Henri poursuivit avec chaleur ses avantages, brûla Brionne, prit Beaumont-le-Roger, contraignit Amauri de Montfort de lui demander aussi la paix, & soumit entièrement les cantons de Normandie qui avoient paru pencher pour son neveu. Bientôt il suscita l'empereur Henri V, son gendre, contre le roi Louis-le-Gros qu'il vouloit punir d'avoir accordé protection constante à Guillaume Cliton. A la vue du danger qui menaçoit la France, presque tous les grands vassaux réunirent leurs forces à celle du monarque leur suzerain. L'Empereur, malgré sa formidable armée, ne put tenir la campagne contr'eux, & forcé de se retirer avec perte; quoique sans action générale, il mourut en 1125, peu de temps après cette triste & infructueuse tentative.

Henri beaucoup moins fort par les armes que le roi de France, après la retraite & la mort d'un tel allié, recourut à la politique. En 1127, il détacha Foulques de l'alliance de la France, & fit rompre, sous prétexte de parenté, le mariage de Sybille d'Anjou avec Guillaume Cliton, en mariant l'impératrice Matilde sa fille & son unique héritière, à Geoffroi Plantegenet fils de ce comte d'Anjou. D'un autre côté, Charles de Dannemark, comte de Flandre & surnommé le Bon, ayant été assassiné dans une église de Bruges le mercredi des cendres, Louis-le Gros ayant fait exécuter les meurtriers, puis donné le comté à Guillaume Cliton à cause de son ayeule Matilde de Flandre, femme de Guillaume le-Conquérant, Henri suscite pour compétiteur à ce dernier, Thierry, landgrave d'Alsace, le plus puissant des princes & des seigneurs qui avoient des prétentions au même comté. Celui-ci devint effectivement comte de Flandre & allié de Henri, lorsqu'en 1128 Guillaume Cliton reçut une blessure mortelle au siége de la ville d'Alost qui étoit dans les intérêts de l'Alsacien. Cliton, privé pour la seconde fois de Sybille, avoit épousé Jeanne de Monferrat, sœur utérine de la reine de France ; mais il n'en laissa point de postérité.

Alors la paix se fit entre Louis-le-Gros & Henri, qui désormais jouit de ses états sans concurrence & sans trouble. L'année suivante ce prince assista, comme duc de Normandie, au sacre de Philippe, fils de Louis-le-Gros, couronné du vivant de son père, ainsi qu'il se pratiqua sous les cinq ou six premiers règnes de la troisième race, pour empêcher que, sous prétexte d'usurpation de la part de Hugues Capet, on ne contestât le trône à leur famille. Au reste, ce Philippe n'est pas compté dans la liste de nos rois, parce que peu de temps après son frère, & plusieurs années avant la mort de son père, il périt d'une chûte de cheval. Cette mort n'eut point

point d'influence sur les événemens que nous allons rapporter, & qui termineront l'histoire de ce regne.

Malgré la perspective du royaume d'Angleterre & du duché de Normandie pour elle & sa postérité, Matilde n'étoit pas descendue, sans quelque regret, du rang d'impératrice d'Allemagne à celui de comtesse d'Anjou. Elle eut, en 1130, la satisfaction de voir Foulques, son beau-pere, devenir roi de Jérusalem par son mariage avec l'héritiere de cette couronne. L'année suivante, elle accoucha d'un fils nommé Henri, comme son ayeul maternel. Le Roi-Duc, pour assurer encore mieux son héritage à Matilde, lui fit renouveler, par toute la noblesse Angloise & Normande, le serment de fidélité qu'on lui avoit déjà prêté. La joie de cet événement & la satisfaction de voir sa fille, qui lui donna deux autres petits-fils tandis que son épouse demeuroit stérile, lui firent goûter le séjour de la Normandie. Il contribua dans le même temps à l'extinction du schisme occasionné par l'élection de deux papes, & consentit à reconnoître Innocent II, déjà choisi par la France, quoiqu'Anaclet son compétiteur fût maître de Rome. Ce fut Innocent II qui sacra Louis-le-Jeune, second fils de Louis-le-Gros, en 1131, après la mort de Philippe qui étoit l'aîné.

Vers 1135, Henri éprouva tout-à-la-fois deux chagrins violens qui le mirent au tombeau. Son gendre & sa fille lui redemanderent la jouissance de la Normandie, en même temps que les Gallois, abusant de son absence & du mécontentement qu'en ressentirent ses sujets insulaires, firent de nouvelles incursions en Angleterre. Il se préparoit à s'embarquer pour les réprimer ou les punir, lorsqu'il mourut à soixante-sept ans d'une indigestion de lamproie, causée moins encore par ce genre de nourriture, que par l'oppression des soucis qui dévoroient son ame & dérangeoient chez lui l'économie animale. Il recommanda les intérêts de Matilde à Robert, comte de Glocester, son fils naturel, sans faire mention de son gendre contre lequel il étoit irrité. Il légua soixante mille livres sterlings à ses domestiques, & ordonna le paiement de toutes ses dettes.

Son amour pour ce qu'il y avoit alors de science & de Savans le fit surnommer Beauclerc. Il eut encore le surnom de *Lion-de-Justice*, dont il fut moins redevable à quelques actes sages qu'à la rigoureuse exécution de quelques loix séveres. Il renouvela la peine de mort contre le vol. Il fit pendre ou mutiler cinquante faux monnoyeurs en une seule fois. Sa passion pour la chasse lui fit augmenter les forêts royales déjà immenses. Le meurtre d'un cerf fut puni comme celui d'un homme. On mutiloit les chiens qu'on trouvoit sur la lisiere de ses forêts, & quelquefois il empêchoit ses sujets de chasser sur leurs propres terres, ou même il faisoit couper leurs bois.

Ce prince ne se livra pas moins à l'amour qu'à la chasse. Il eut treize enfans naturels, sept garçons & six filles. Il ne laissa d'autre enfant légitime que Matilde. C'est à Saint-Denis-le-Forment-en-Lions qu'il étoit mort après avoir reçu les secours spirituels; mais son corps fut porté à l'abbaye de Reading, l'une de celles qu'il avoit fondées en Angleterre pour expier ses fautes à la mode de ce temps-là. Les abbayes de Hyde & de Chester, le prieuré de Dunstaple, les cathédrales de Carlisle & d'Ely lui doivent aussi leur fondation. Ce que les Anglois de son temps chérirent le plus de son gouvernement, fut l'abolition de la *purveyance*; droit abusif & vexatoire qui obligeoit les habitans des lieux où le Roi passoit de fournir gratuitement la Cour de provisions & de voitures. Mais ce qui rend sa mémoire plus recommandable aux Anglois d'aujourd'hui, c'est la grande charte qu'il accorda en montant sur le trône. Quel dommage pour sa gloire, qu'il ait oublié d'ouvrir les portes de la prison de son malheureux frere; & quel oubli dans sa politique, de n'avoir pas éteint les querelles & relevé l'éclat de son pays, de son sang & de son nom, en prenant pour son gendre son neveu plutôt que le prince d'Anjou!

EUSTACHE DE BOULOGNE,
XIe. Duc de Normandie.

CHAPITRE LXXV.

ETIENNE DE BLOIS s'empare du royaume d'Angleterre, & fait reconnoître son fils Eustache de Boulogne duc de Normandie. Mort du roi de France Louis le Gros. Etienne est pris par l'armée de Matilde, puis échangé avec le comte de Glocester, frere naturel de cette princesse, laquelle gâte son héroïsme & perd ses avantages par son despotisme & sa hauteur. Après beaucoup de guerres & de ravages en Angleterre & en Normandie, Geoffroy, comte d'Anjou, l'emporte sur Eustache pour le duché de Normandie.

LA naissance de Matilde & les précautions de son pere sembloient lui ouvrir, sans contestation, l'héritage du royaume d'Angleterre & du duché de Normandie; mais son pere même avoit donné l'exemple d'enfreindre le droit de succession. De plus, la regle des gouvernemens ne portant pas encore sur une base bien solide, les états étoient souvent considérés comme des offices militaires incapables d'être gérés par le sexe; & l'usage Salique, devenu & resté loi pour la seule couronne de France, avoit alors souvent, chez les nations voisines, l'effet d'exclure pareillement les femmes, & de la puissance premiere & suprême, & des grands fiefs qui formoient, pour ainsi dire, autant de souverainetés secondaires.

Adélaïde, fille de Guillaume le Conquérant, avoit épousé le comte de Blois, ainsi que nous l'avons dit au chapitre 63. Elle en eut quatre fils, entr'autres Etienne, nommé comme son pere, & pris en amitié par le roi-duc Henri, qui lui donna de grandes richesses avec le comté de Mortain & la main de Matilde, héritiere du comté de Boulogne. Etienne, âgé de trente-un ans, oublie les bienfaits de son oncle; les sermens faits à sa cousine ; &, dès la maladie de Henri, il prépare tout pour lui succéder. Il met dans ses intérêts Henri, évêque de Winchester son frere, Guillaume, archevêque de Cantorbéry, primat du royaume, Roger, évêque de Salisbury, le plus riche des Anglois & qui avoit été premier ministre. Le corps de Henri n'étoit pas encore transporté à Reading, que l'ambitieux & diligent neveu étoit arrivé à Westminster, où ses partisans le couronnerent le jour même de S. Etienne, qui étoit le jour de sa fête, sans qu'aucun des grands ni du peuple osât parler pour Matilde. Un prélat soutint qu'il étoit contre la coutume des Anglois de se soumettre à une femme ; un autre, que Matilde avoit perdu ses droits en se mariant hors du Royaume sans le consentement des barons ; & Hugues Bigot, gentilhomme de la maison du feu Roi, jura qu'avant sa mort Henri avoit déshérité Matilde en faveur d'Etienne. Ce dernier pour engager les Anglois à le soutenir, promit tout ce qu'ils voulurent. Il abolit le Dangelt, restreignit les chasses & les forêts royales, confirma & aug-

1135.

menta les droits du peuple, de la noblesse & du clergé; &, surmontant par là tous les obstacles, il s'empara du trésor de son oncle renfermant plus de cent mille marcs d'argent, non compris la vaisselle & les bijoux.

Pendant qu'il s'affermissoit ainsi sur un trône usurpé, les états, ou dumoins les grands de Normandie, s'assemblerent à Neubourg, où, pour s'affranchir à-la-fois, & du joug des Angevins, & de celui des Anglois, ils résolurent d'élire pour duc Thibaut, comte de Champagne, de Blois & de Chartres, fils d'Etienne de Blois & d'Adélaïde de Normandie, par conséquent frere germain de l'évêque de Winchester & du nouveau roi d'Angleterre. Mais bientôt, informés des succès du dernier, & plusieurs d'entr'eux redoutant la confiscation des biens qu'ils possédoient dans l'isle, ils consentirent à reconnoître Eustache son fils aîné pour duc de Normandie. Le comte de Blois fut obligé d'abandonner ses prétentions ou ses espérances pour une somme de deux mille marcs. Le roi de France Louis-le-Jeune reçut l'année suivante l'hommage d'Eustache,

1136.

& lui donna sa sœur Constance en mariage.

Cependant Etienne ne jouit pas d'une longue tranquillité. Il eut à combattre les entreprises des rois de Galles & d'Ecosse, & celles de plusieurs de ses grands vassaux, entr'autres de Beaudouin de Reviers, comte de Devonshire. A peine sorti de ces guerres, sans presque ni gain ni perte, il fut menacé par Geoffroy Plantegenet, époux de Matilde. Mais après quelques hostilités commises dans la Normandie, qui souffrit encore beaucoup de dégâts, d'incendies & de pillages, il appaisa ce compétiteur par une pension de cinq mille marcs.

Cependant Matilde passée en Angleterre pour se faire un parti, appuyée par Robert, comte de Glocester son frere naturel, & loin de se laisser calmer ou désarmer comme son époux, ne cessoit de remuer pour recouvrer l'héritage de son pere. Beaucoup d'ecclésiastiques embrasserent sa querelle, parce qu'Etienne avoit eu la maladresse de violer leurs immunités au point de susciter contre lui

1137.

son propre frere l'évêque de Winchester.

Sur ces entrefaites le roi de France Louis-le-Gros mourut en 1137. La valeur de ce prince s'étoit signalée contre plusieurs de ses grands vassaux, & contre les forces tantôt séparées, tantôt réunies du roi d'Angleterre & de l'empereur d'Allemagne. Quant à son gouvernement, il devint recommandable par l'habileté des quatre freres Garlandes & de l'abbé Suger, ses principaux ministres, par l'établissement des communes & l'affranchissement de beaucoup de serfs, enfin par la diminution de la trop grande autorité des justices seigneuriales. Louis-le-Jeune, son fils & son successeur, fut tellement occupé tant par la croisade que par ses démêlés avec ses barons, sur-tout avec le comte Thibaut, frere d'Etienne, qu'il ne put se montrer ni favorable ni contraire à l'usurpateur. En recevant pour le duché de Normandie l'hommage d'Eustache, fils d'Etienne, il pensoit moins à soutenir ce prince qu'à maintenir son propre droit. Les secours qu'il donna six années après à

Geoffroy d'Anjou, sont une nouvelle preuve de cette vérité.

La guerre se fit avec des succès divers, tant en Normandie qu'en Angleterre, jusqu'au 2 Février 1140 que l'intrépide comte de Glocester reçut près de Lincoln la bataille que lui présentoit son cousin, le vainquit, le fit prisonnier, & l'envoya tout de suite à Matilde qui le fit renfermer dans le château de Bristol. Elle porta l'abus de la victoire, non-seulement jusqu'à lui faire mettre les fers aux pieds & aux mains, mais jusqu'à refuser de voir & d'écouter la Reine qui, pour obtenir la liberté de son époux, offroit de renoncer à la couronne & de s'enfermer dans un monastere.

Bientôt couronnée par l'évêque de Winchester, alors légat de Rome, mais pas encore sacrée, Matilde affecta peu d'affabilité pour les personnes, peu de ménagement pour les ordres & les corps, peu d'égards pour les loix, les chartres & les priviléges. Elle refusa même le prélat qui, comptant sur ses magnifiques promesses, & l'ayant si bien servie contre son propre frere, demandoit avec confiance qu'Eus-

1141.

tache de Boulogne son neveu pût hériter de la Bourgogne & des autres biens du patrimoine de son pere.

Le légat irrité rassemble alors les débris de ces bandes mercenaires de Bretons, de Picards & de Flamands qu'Etienne soudoyoit avec les trésors trouvés à Winchester. La ville de Londres & d'autres cantons joignent leurs troupes nationales à cette milice étrangere.

Bientôt la triomphante Matilde est réduite à la défensive, puis à la fuite. Surprise dans la ville de Winchester, elle n'a que le temps de se jeter dans le château. Le prélat vindicatif brûle la ville, quoique capitale de son diocèse ; cruauté plus affreuse encore que celle qui fut commise dans le même temps par le roi Louis-le-Jeune contre la ville de Vitri en Perthois, appartenante à Thibaut comte de Champagne, frere du roi d'Angleterre & du terrible évêque de Winchester.

La princesse & la garnison, vivement pressés dans le château, ont, après une belle résistance, le bonheur d'échapper au prélat par une marche dérobée. Mais il fait prisonnier le comte de Glocester, qui, pour mieux assurer cette retraite difficile & périlleuse, étoit resté à l'arriere-garde. Après six mois de prison, ce prince aimé de sa sœur est échangé avec le roi Etienne; mais la paix ne peut se conclure encore, & Matilde l'envoie en France demander du secours au comte d'Anjou.

1142.

Pendant l'absence de son frere, elle est excommuniée par l'évêque de Winchester, & assiégée par Etienne au cœur de l'hiver dans Oxford, d'où elle s'échappe habillée de blanc pour n'être point reconnue sur la neige qui couvroit la terre. Elle passe la Tamise sur la glace & se sauve à Wallingford, où le prince Henri son fils & le comte de Glocester, tous deux arrivans de Normandie, vont la trouver.

C'est alors que les Normands, las des calamités que leur attiroient les guerres & prétentions respectives des rois d'Angleterre & des princes du continent, cesserent de reconnoître la souveraineté d'Eustache de Boulogne & se donnerent à l'époux de Matilde, dont les droits mieux fondés étoient encore appuyés par la présence

1145.

de son armée. De 1135 à 1143, les troupes des différens partis avoient brûlé dans cette malheureuse province nombre de villages & les villes ou bourgades d'Aquigny, Saint-Evroult, Bougy, Ecouché, Lysieux, Saint-Leuffroy, Bazocques, Saint-Pair, Pont-d'Echeufrai, Breteuil, indépendamment d'un incendie purement fortuit ou accidentel, qui avoit détruit à Rouen beaucoup de maisons avec les églises & monasteres de Saint-Amand & de Saint-Ouen. Une famine horrible mit le comble à tant de maux.

GEOFFROY-PLANTEGENET,
XIIe. Duc de Normandie et Comte d'Anjou.

CHAPITRE LXXVI.

Qualités, actions & regne de Geoffroy qui transmet la Normandie à son fils. Remarques sur les rois étrangers de l'Angleterre, & sur la généalogie de la maison d'Anjou.

Geoffroy, surnommé Plantegenet, à cause de l'habitude de porter à son chapeau une branche de genet, étoit fils de Foulques d'abord comte d'Anjou, puis de Jérusalem ; & d'Hérambourg du Maine, fille d'Elie, comte du Mans. Il étoit d'une taille haute & dégagée, avoit l'œil ardent & la figure belle, malgré la couleur un peu rousse de ses cheveux. Aux agrémens du corps il joignoit les dons plus séduisans de l'esprit, & les avantages solides d'une bonne éducation, d'un courage mâle, & d'une instruction rare dans son siecle. Dès sa jeunesse, il s'étoit meublé la tête des grands traits de l'histoire Grecque & Romaine, & de ceux de l'histoire de France & des nations voisines. Faisant marcher de front la politique & la morale, l'intrépidité dans les combats & la clémence après la victoire, il étoit regardé comme le pere de ses sujets, la terreur des ambitieux, l'ennemi de la mollesse, l'amant de la gloire & l'esclave de ses devoirs.

Son mérite & sa réputation prématurés n'avoient pas médiocrement contribué à lui faire obtenir les bontés du roi-duc Henri I & la main de l'impératrice Matilde. Après avoir fait sept ans la guerre en Normandie pour soutenir les droits de cette épouse contre le duc Eustache, les succès qu'il eut en cette province, pendant que Matilde étoit moins heureuse en Angleterre, furent couronnés en 1143 par la prise de Rouen. Cette capitale une fois dans ses mains, il n'éprouva plus que de foibles résistances aux autres places qu'il lui fallut encore attaquer. Le roi de France son suzerain, & le comte de Flandre son beau-frere, l'appuyerent en 1144, de maniere que sa jouissance s'établit aussi solidement que son droit. La ressemblance entre lui & son compétiteur Etienne, c'est que tous deux régnerent successivement en Normandie aux noms de leurs fils. Mais l'histoire y a mis cette différence, qu'elle ne donna jamais le titre de duc au second, mais seulement à son fils jusqu'à son expulsion en 1143, & qu'elle le donna à Geoffroy même, jusqu'à sa mort arrivée en 1151, à-peu-près une année avant celle d'Eustache de Boulogne. Thibaut comte de Champagne, Raoul comte de Vermandois, vertueux parent, ministre & ami de Louis-le-Jeune, & le célebre abbé Suger moururent dans le même temps.

Les troubles ecclésiastiques & civils qui déchirerent alors la France & l'Angleterre, ne sont pas plus de notre sujet que la fameuse croisade où saint Bernard entraîna Louis-le-Jeune malgré les sages conseils de l'abbé Suger. Ainsi l'ordre naturel du titre & du plan de cet ouvrage nous conduisent à passer, sans digression ni détail, au regne de Henri II, qui fut d'abord redevable du duché de Normandie à la valeur de son pere, au droit de sa mere, & le fut bientôt après du royaume d'Angleterre au courage de tous deux, au sien propre, & sur-tout à la mort imprévue d'Eustache de Boulogne arrivée en 1150. Guillaume, frere de ce prince, voyant le mauvais état de ses affaires, se contenta du comté de Boulogne qui lui échut du droit de sa mere. Le roi son pere, avec quelques bonnes qualités qui ne couvrirent pas le vice de son usurpation, & après un regne plus agité que glorieux, mourut en 1155, ayant été forcé, dès 1153, par les armes & les exploits de Henri d'Anjou, de reconnoître ce fils de Matilde pour héritier de l'Angleterre & de la Normandie. Robert comte de Glocester, & Milon comte de Hereford, les deux plus puissans & plus zélés partisans de Matilde en Angleterre, étoient morts, le premier en 1145, le second en 1146.

Deux réflexions viennent s'offrir à notre esprit avant d'entrer dans le règne de Henri II. La premiere, c'est qu'après l'extinction ou l'expulsion des maisons Saxonnes & Danoises qui se disputerent, se partagerent, se déchirerent le royaume d'Angleterre, les princes d'Anjou, succédant à ceux de Blois & de Normandie, furent la troisieme dynastie françoise qui le posséda sans interruption, & que depuis Guillaume le Conquérant jusqu'à son descendant ou représentant en ligne féminine qui règne encore de nos jours, cette île si jalouse de ses libertés n'a presque pas eu de rois originaires de son sein.

Notre seconde remarque est que si l'extraction des souverains influoit sur l'état & l'opinion des peuples, il n'y auroit dès-lors plus existé de jalousie ni de reproches entre les Bretons & les Normands, puisque le nouveau duc de ceux-ci descendoit en ligne masculine & directe d'un particulier de Bretagne nommé Torquat ou Tortulfe, vivant à Rennes au commencement du neuvième siecle, devenu l'un des forestiers de Charles-le-Chauve, & vraisemblablement le premier noble de sa famille. Nombre d'annalistes & de chroniqueurs ont ramassé tout ce qu'on peut découvrir sur l'obscurité premiere & la prompte élévation de cette race, d'abord illustrée par Tertulle, sénéchal du Gatinois, qui épousa Pétronille, princesse de Bourgogne. Leur fils Ingelger, petit-fils de Tortulfe ou Torquat, se signala par ses prouesses, & fut investi vers 879 par le roi Louis-le-Begue du comté d'Anjou qu'il transmit à sa postérité.

CHAPITRE LXXVII.

Testament de Geoffroy. Avénement de Henri. Sa puissance. Mort de son frere. Mariage de deux de ses fils en bas âge, Henri & Geoffroy. Projets sur l'Irlande. Bulle du Pape. Tutelle du comte de Flandre. Prétentions sur le comté de Toulouse. Guerres & traités avec la France jusqu'en 1162.

GEOFFROY PLANTEGENET, mort au château du Loir en 1151, avoit réglé par son testament que Henri, l'aîné de ses enfans, hériteroit de tous ses états; que Geffroy le second auroit en appanage Mirebeau, Loudun, Chinon; & que Guillaume, le troisieme, jouiroit du comté de Mortain. Par le même acte il ordonnoit encore que dans le cas où l'aîné viendroit à rentrer dans les biens de sa mere, l'Anjou, la Touraine & le Maine reviendroient au second.

Henri devenu roi n'eut point égard à cette derniere disposition; mais ce qui le rendit plus puissant encore, fut son mariage avec Éléonor, Alienor ou Léonor d'Aquitaine ou de Guyenne, répudiée pour ses galanteries par le roi de France qui lui avoit rendu sa dot. Cette union plus politique que délicate, contractée dès 1152, ne contribua point médiocrement au succès de Henri contre Étienne auquel il succéda en 1154.

Ainsi, comme le remarquent Saint-Foix, Henault, Velly, Hume & tous les historiens, du côté de son père Henri II eut l'Anjou, la Touraine & le Maine; du côté de sa mère il eut l'Angleterre & la Normandie; & par la dot que lui porta Léonor, il joignit à toutes ces possessions le Poitou, la Saintonge & l'Aquitaine entiere, c'est-à-dire l'Angoumois, le Limosin, le Périgord, l'Auvergne & toute la Guyenne jusqu'aux Pirenées. De plus il se vit dans la suite maître de la Bretagne par le mariage de son fils Geoffroy avec l'héritiere de ce comté ou duché. Ce n'est pas tout encore : nous verrons dans le court abregé de son histoire comment il s'empara de toute l'Irlande.

Il débuta par démolir les châteaux des factieux, renvoyer les troupes étrangeres & Guillaume d'Ypres leur général, créer à Londres un conseil d'administration présidé par sa mere, & convoquer à Wallingford un parlement qui consolida ses droits & ceux de sa postérité.

Louis-le-jeune, moins effrayé peut-être de l'agrandissement de son vassal, que piqué de ce qu'il s'étoit approprié la dot & la main de la reine expulsée, l'avoit traversé d'abord & s'étoit ligué avec ses ennemis. Mais après quelques hostilités assez vives en Normandie, l'hommage & les déférences de Henri, une somme de deux mille marcs pour dédommager le François des frais de la guerre, des présens considérables & fréquens, le plus magnifique accueil fait à Louis le jour qu'il vint en pélerinage au mont Saint-Michel, maintinrent la paix entre les deux princes l'espace d'environ cinq ans.

1155.

Henri sembloit prospérer de toutes parts. L'année même de son élévation au trône d'Angleterre, Eléonor qui avoit déshérité les deux filles nées de son premier mariage, accoucha dans Londres d'un fils qui fut aussi nommé Henri.

En 1156, le pape Adrien III, né d'une famille très-obscure d'Angleterre, permit au Roi de conquérir l'Irlande sous prétexte de guérir les Irlandois de l'hérésie & de l'erreur. Les états assemblés à Winchester approuverent cette guerre prétendue sainte : mais l'impératrice Matilde eut la justice & la sagesse de s'y opposer, & Henri la différa par égard pour sa mère, se contentant pour lors de la dispense que le souverain pontife lui donna d'exécuter certains legs de son père.

C'est à cette occasion qu'il eut une autre guerre à soutenir contre son frere Geoffroy qui, peu satisfait de quelques offres d'échanges & d'indemnités, réclamoit l'Anjou, la Touraine & le Maine, aux termes du testament dont Henri prétendoit que l'accomplissement n'étoit pas rigoureusement exigible avant la mort de Matilde. La cause la plus juste ne fut pas la plus heureuse. Dépouillé, vaincu, fugitif, le malheureux puiné fut

fut obligé de renoncer à ses droits & de se contenter d'une pension. Retiré dans le comté Nantois, les habitans de ce pays, mécontens de la domination de Hoël qu'ils regardoient comme usurpateur & bâtard, l'élisent pour leur comte. Mais en 1158 la mort surprend Geoffroy dès le commencement de cette nouvelle souveraineté qui rapportoit alors quarante mille sols Angevins. Conan le petit, duc de Bretagne, la revendique aussitôt; mais Henri prétend qu'elle lui appartient comme succession de son frere. Le Breton détourne la tempête en se rendant à Avranches où il s'abouche avec l'Angevin-Anglo-Normand. On y convient que Geoffroy, second fils de Henri, épouseroit Constance, fille de Conan; qu'elle auroit pour dot le comté Nantois, & que dans le cas où le gendre survivroit au Duc son beau-pere, il regneroit sur toute la Bretagne. Le mariage ne fut pas conclu dès-lors, parce que Geoffroy ne faisoit que de naître; mais Henri prit toujours possession du comté de Nantes au nom de ce fils âgé d'environ deux mois.

1159.

Tome II.　　　　　　　F

A peine tranquille de ce côté, l'actif Henri passe en Angleterre où les Gallois avoient recommencé leurs courses. Il eut d'abord du dessous contr'eux ; mais il reprit bientôt la supériorité, & les contraignit aux restitutions, aux indemnités & à la paix. Ils furent aussi forcés d'ouvrir des chemins dans leurs forêts. Dans le même temps, le comte de Blois lui rendit à sa réclamation la ville d'Amboise & quelques autres domaines qu'il prétendoit avoir été usurpés sur son pere ; & Thierry d'Alsace, reconnu comte de Flandre depuis la mort de Guillaume Cliton, s'étant acheminé pour la Palestine, lui confia la garde de ses états & la personne de son fils Philippe.

Ces conquêtes, ces victoires, ces acquisitions, ces recouvremens d'un côté, ces marques de confiance qu'il recevoit de l'autre, mettoient, pour ainsi-dire, la France entière à la discrétion de ce formidable vassal. Louis-le-Jeune, quoiqu'épuisé par la consommation d'hommes & d'argent que lui coûtoit la croisade, auroit entrepris de modérer cet excès de puissance, si les seigneurs qui vouloient la paix n'eussent trouvé le moyen de la conserver quelque temps par le mariage de la princesse Marguerite, fille de Louis & de Constance de Castille, avec Henri surnommé Court-Mantel (a), fils aîné du roi d'Angleterre.

1160.

Ces deux époux étoient en bas âge, & la paix que leur mariage procuroit aux deux puissances, fut de courte durée. Guillaume IV, comte de Toulouse, bisayeul maternel de la Reine Léonor, ayant perdu ses enfans mâles, avoit appelé à sa succession le comte de Saint-Gilles & de Rouergue son frere. Guillaume VII de Poitou & IX d'Aquitaine, ayeul paternel de la même Léonor, s'abandonnoit à des profusions qui lui rendoient insuffisans les revenus du duché d'Aquitaine & du comté de Poitou. Son dérangement le fit conniver, pour de foibles indemnités, aux dispositions vexatoires des deux comtes, pere & oncle de son épouse Philippe-Matilde. En 1098,

───────────────

(a) Ce surnom fut aussi donné au pere, mais les historiens l'appliquent plus généralement au fils.

à la vérité, se sentant par trop lésé, il fit une invasion heureuse dans le comté de Toulouse ; mais il rendit presque toutes ses conquêtes en 1100 par des raisons qu'on ignore, & qu'on soupçonne être l'épidémie des croisades qui l'emportoit alors sur toute autre espèce d'intérêt ou d'ambition. Il regardoit cette cession du Languedoc comme précaire, comme un simple engagement, & négligea pourtant de le retirer avant de mourir. Le fils qui n'étoit pas plus économe que le pere, laissa pareillement à sa fille unique le soin de racheter cette belle portion de l'héritage de ses ancêtres. Raymond de Toulouse, jaloux de conserver une possession si précieuse, avoit éludé les réclamations de Louis-le-Jeune pendant le mariage de ce monarque avec Léonor, dont lui Raymond étoit cousin issu de germain. Après le divorce du Roi, il s'étoit assuré ses bonnes graces en épousant Constance sa sœur, veuve d'Eustache de Boulogne. Louis ne prévoyoit pas que Raymond la répudieroit un jour comme lui-même avoit répudié la parente de Raymond. Henri, devenu l'époux de l'héritiere de Guyenne, entreprit de lui faire restituer le comté de Toulouse, &, sur le refus du possesseur moins facile ou moins intimidé que le comte de Blois parce qu'il se croyoit assuré de l'appui de la France, il avoit armé & négocié contre lui. Le roi d'Ecosse, les comtes de Barcelonne, de Nîmes, de Montpellier & de Blois joignirent leurs forces à celles de Henri, qui s'avança sur les terres de Raymond, emporta Cahors avec d'autres places & mit le siége devant Toulouse.

Cette capitale du Languedoc couroit risque de changer de maître, lorsque l'arrivée subite du roi de France à la tête d'une armée changea la face des affaires. Henri, forcé de se retirer, voulut se faire un mérite de ce désavantage, en prétextant son respect pour son suzerain. Cependant, sans les précautions de Louis, & sans la sage conduite du comte de Dreux & de l'évêque de Beauvais ses freres, le comte de Blois auroit ravagé, par l'ordre de Henri, les terres de France du côté de la Normandie.

Henri, revenu lui-même dans cette province, s'avança vers le Beauvoisis où il prit & rasa la ville de Gerberoy. Poursuivant sa marche, il répandit le ravage & l'alarme jusques aux portes de Paris. Louis, craignant la ruine de sa capitale, & touché des pillages qui s'exerçoient dans le plat-pays, consentit à la paix.

Ce traité confirma les anciens ; Henri renouvella son hommage au roi de France pour la Normandie ; son fils aîné le rendit pour l'Anjou & le Maine ; & Richard, le second, pour la Guyenne. Il consentit aussi à ne plus troubler le comte de Toulouse, & suspendit l'exercice de ses prétentions jusqu'au temps où il y renonça en donnant à Raymond la main de Jeanne sa fille, veuve de Guillaume II, roi de Sicile. Quant aux villes de Neaufle & de Gisors, réclamées par Henri pour dot de la princesse Marguerite sa bru, Louis, après beaucoup de difficultés, les mit en sequestre entre les mains de deux templiers, Toste de Saint-Omer & Robert de Pirou, jusqu'à ce que les deux époux fussent en âge de nubilité. La jeune princesse fut conduite à la cour de son beau-père pour y être élevée par Robert de Neubourg.

Ce traité sur lequel s'éleverent encore quelques nuages, fut consolidé en 1162 à Toucy-sur-Loire par le pape Alexandre III, qui reçut de grands honneurs des deux rois. Il cherchoit à les unir pour les opposer tous deux à l'empereur Frédéric-Barbe-rousse & à l'anti-pape Victor, dont il triompha dans la suite, mais qui venoit de le réduire à se sauver de Rome.

CHAPITRE LXXVIII.

ÉCARTS du clergé d'Angleterre. Projets de Henri pour les réprimer. Caractere & fortune de Thomas Becket. Premiere querelle de Henri avec cet archevêque. Guerre avec la France. Expédition en Bretagne. Mort de l'impératrice Matilde. Réconciliation avec le roi de France & avec le primat d'Angleterre.

Après un séjour de quelques années dans ses domaines du continent, Henri revint en Angleterre vers 1163 avec la double espérance de se reposer un peu des fatigues de la guerre, & de mettre des bornes aux dangereuses prérogatives & prétentions du corps épiscopal.

Dès l'année 1160, le clergé d'Angleterre avoit sévi dans le comté d'Oxford contre les disciples de ce fanatique Dauphinois, Pierre de Bruys, que d'autres fanatiques avoient brûlé en 1147, à-peu-près dans le même temps que le Breton Eon de l'Etoile, autre réformateur de la même espèce, n'échappoit aux flammes où l'on jetoit ses partisans qu'en contrefaisant l'insensé devant les peres du concile de Rheims, comme David chez Achis, & Brutus auprès de Tarquin. Trente Allemands Pétrobrussiens, c'est-à-dire attachés à la secte de Pierre de Bruys, dont Gérard leur chef vouloit se servir en Angleterre comme d'autant d'apôtres, furent marqués au front ou à la joue d'un fer chaud, & périrent de misere parce que le Roi, qui vouloit ménager le Pape, avoit défendu de leur donner le moindre secours. A travers les emportemens de ces apôtres sans mission, brilloient quelques éclairs de raison très-défavorables aux préjugés ténébreux dont le clergé cherchoit à couvrir ses désordres, son avidité, son despotisme, son intolérance & ses usurpations.

Henri, voulant remédier à ces abus & plaire en même-temps aux Anglois qui se plaignoient toujours que des Normands ou des étrangers leur fussent préférés pour les grands bénéfices, avoit nommé, dès 1162, à l'archevêché de Cantorbéry, Thomas Becker,

Anglois d'origine & de naissance, fils d'un bourgeois de Londres.

Rempli d'adresse & de capacité, Becket s'étoit insinué dans les bonnes graces de l'archevêque Thibaut son prédécesseur, dont les bienfaits l'avoient mis en état de passer en Italie & d'étudier à Bologne le droit civil & le droit canon. Ces connoissances avec lesquelles il suça les principes ultramontains, furent la cause de sa grandeur & de sa perte. De retour en Angleterre, son protecteur le combla de bénéfices & de commissions distinguées; & à l'avénement de Henri, il le lui recommanda comme le sujet le plus digne d'avancement.

Henri l'éleva bientôt au comble de la fortune, du crédit & des honneurs, en le faisant chancelier d'Angleterre & son principal ministre. Admis aux parties de plaisirs & de chasses comme aux plus importantes affaires de son maître, le nouveau favori surpassa tous ses prédécesseurs par la pompe de son cortége, la magnificence de ses maisons, le luxe de sa table, & la somptuosité de ses équipages & de ses meubles.

Henri ne douta point qu'un ministre, qu'un courtisan si empressé à lui plaire, ne le servît dans la dignité de primat du Royaume avec le même zele qu'il montroit dans la charge de chancelier. Cependant Matilde, mere du Roi, & quelques seigneurs l'avertirent qu'il falloit se défier d'un homme qui, n'annonçant point l'esprit de son état, devoit peut-être à l'intrigue & à l'hypocrisie plus qu'au mérite, l'élévation qu'il gâtoit par un faste scandaleux; d'un homme qui, plus occupé jusqu'à présent de sa grandeur personnelle que de celle de son maître, pouvoit finir par l'embarrasser avec le mélange de l'astuce Italienne & de l'opiniâtreté Angloise.

Le choix de Henri fut encore long-temps combattu par les moines de St.-Augustin qui refusoient leur voix à Becket, parce qu'ils le croyoient vendu à la cour. Leur motif ou leur crainte, si différens de ceux de l'Impératrice, rendirent la personne de Becket plus intéressante & plus méritoire aux yeux du Monarque, & sur ses ordres réitérés, sa créature fut élue.

L'événement mit la pénétration du

Prince absolument en défaut. Becket, à peine instalé dans la primatie d'Angleterre, crut cette dignité fort supérieure à toutes les autres, & la première après la Royauté. Sans consulter son maître, il lui renvoya les provisions de chancelier, devint tout-à-fait un autre homme, & ne visa plus qu'à la réputation de sainteté, dont ses occupations, ses goûts, ses plaisirs & son faste l'avoient si fort éloigné jusqu'à ce moment. Ne conservant plus que dans son cortége & sa maison l'ancienne pompe qui lui servoit à en imposer au vulgaire, il affecta sur sa personne l'air de la plus rigide austérité, mit un cicile sur sa peau, porta la négligence des habits jusqu'à la malpropreté, réduisit sa nourriture au pain & à l'eau, se donna la discipline, lava journellement les pieds à douze pauvres, se livra aux lectures pieuses, distribua de grandes aumônes, & gagna l'affection des moines par d'étonnantes largesses. David Hume avance qu'une ambitieuse hypocrisie fut la source de ces changemens d'humeur & de conduite; mais l'abbé Millot observe qu'on peut trouver dans les préjugés plutôt que dans les passions le principe des excès déplorables où se porta le Primat.

1163. À peine est-il en place qu'il réclame sur les seigneurs voisins les restitutions de certaines dépendances de son archevêché, dont le dénombrement étoit consacré par de nouveaux partages, & par la prescription qui est la sauvegarde des particuliers comme des souverains. Il nomme des cures au préjudice des patrons laïcs, excommunie les opposans, soustrait à la justice séculiere un prêtre atteint & convaincu d'avoir débauché une fille de condition & assassiné le pere, borne à la dégradation le châtiment du meurtrier séducteur, veut conserver, malgré le Roi, la pratique de racheter les pénitences par de grosses sommes, & par-là d'assurer aux prêtres un gros revenu sur les péchés du peuple, engage enfin les évêques à répondre d'une maniere équivoque au Roi qui les sommoit de se soumettre aux loix du Royaume.

1164. Une nouvelle assemblée de prélats & de barons convoquée par Henri, s'occupe de fixer les limites des deux puissances, & de rédiger en seize articles le fameux réglement connu sous le nom de constitutions de Clarendon, du lieu où se tenoit l'assemblée. Il y fut décidé que les ecclésiastiques accusés de crimes seroient justiciables des tribunaux civils, qu'aucun vassal immédiat du roi ne seroit excommunié sans son consentement ; que personne, sur-tout un prélat, ne sortiroit du royaume sans sa permission, que les cours royales connoîtroient des affaires relatives aux biens de l'église, & qu'on n'appelleroit point au Pape des jugemens rendus en Angleterre.

Les barons du parti de la cour, qui véritablement alors étoit le parti de la nation, entrainerent les prélats ; & Becket lui-même, après une longue résistance, apposa son sceau, & jura *sans fraude & sans réserve* d'observer ces constitutions. Le Roi, croyant avoir applani toutes les difficultés, envoya le réglement au pape Alexandre III, réfugié pour lors en France. Mais le Pontife, le déclarant incompatible avec les droits de l'église, & ne voulant point affranchir l'Angleterre de la dépendance du saint-siége, condamna sur-le-champ & annulla les principaux articles.

A cette nouvelle, Becket se reproche son consentement comme une foiblesse criminelle, redouble ses mortifications pour l'expier, & se suspend de ses fonctions jusqu'à ce qu'il ait reçu l'absolution du Pape. Plus l'Archevêque s'entête, plus le Monarque s'irrite ; le premier essuye diverses disgraces, & reçoit ordre de rendre compte de son administration. Le Prélat, après beaucoup de subterfuges & de résistance, finit par déclarer qu'il n'est point justiciable de la cour du Roi, & qu'il lancera les foudres de l'Eglise contre ceux qui oseroient en violer les priviléges. Il n'en est pas moins condamné comme rebelle & parjure, par ce tribunal composé d'évêques & de barons, parmi lesquels se trouvoient quelques Normands. Ses terres, ses châteaux & ses meubles sont confisqués, de grosses amendes lui sont imposées, & la primatie lui est enlevée. Thomas, non sans avoir essayé quelques tentatives pour se maintenir, finit par s'évader, & choisit la France pour asyle.

1165. Louis-le-Jeune, & Alexandre III qui séjournoit encore dans ce royaume, lui firent l'accueil le plus distingué. Cette protection de la France ne servit qu'à réveiller l'animosité des deux nations & des deux rois. Louis prétendit que la Touraine étant fief de la couronne, l'argent qu'y avoit levé Henri pour assister les chrétiens de Palestine devoit être donné de la part du roi de France, & joint aux sommes qu'il envoyoit dans le même but. Henri soutint que le droit ne subsistoit plus depuis que les grands fiefs étoient devenus héréditaires & patrimoniaux.

Un autre incident envenima cette contestation. Guillaume le Vieux, ayant dépouillé son neveu Guill. VII du comté d'Auvergne, arriere-fief de la couronne, voulut décliner le tribunal de Henri son seigneur immédiat comme duc de Guyenne, pour recourir au roi de France comme au premier suzerain. Henri soutint avec assez de fondement que le vassal n'avoit ce droit que dans le cas où le seigneur direct lui refuseroit justice. De-là,

1167. nouvelle rupture qui causa le ravage du Vexin François par Henri, & du

Vexin Normand par Louis. Les deux partis se lasserent bientôt également de ces hostilités qui leur étoient également funestes. Ils convinrent d'une trêve pendant laquelle Henri courut défendre avec succès le duc Conan, beau-pere de son fils Geoffroy, contre les seigneurs de Porhoet, de Fougeres & de Léon; mais à son retour il eut la douleur de perdre l'impératrice Matilde sa mere, qui, corrigée par l'expérience, les réflexions, & les années, ne lui donnoit plus que de bons conseils & de bons exemples. Elle mourut à Rouen, pleurée des habitans qu'elle combloit de bienfaits (1).

Enfin le pape Alexandre III & ses légats eurent encore la gloire de pacifier les deux monarques. Henri, accompagné de ses deux fils aînés, Henri & Richard, se rendit le jour

1168.

(a) Elle avoit fait construire à ses dépens le pont de pierres dont nous voyons les débris, & sur lequel on ne passe plus depuis 1564, malgré les réparations qu'y fit commencer, dès 1618, le corps municipal de Rouen à la requisition de Toustain-Frontebose, gentilhomme de cette ville, souvent député de la noblesse aux états de Normandie sous le regne de François I.

de l'Ephiphanie à Montmirail dans le Maine où le roi de France l'attendoit. Seigneur, dit l'Anglois en l'abordant, dans ce jour où trois rois présenterent leurs dons au roi des rois, je m'offre à vous avec mes enfans & mes états. Louis répondit avec amitié. Les conquêtes & les prisonniers furent restitués de part & d'autre, les hommages à la France renouvelés, le prince Richard accordé avec la princesse Alix, seconde fille de Louis & de Constance de Castille; mais la réunion des deux cours ne put encore produire le raccommodement de Becket. La clause de Henri, *sauf l'autorité royale*, celle du Prélat, *sauf les libertés de l'église*, rendoient mutuellement illusoires toutes les promesses, & faisoient échouer toutes les négociations. De sa retraite à Pontigni, le prélat inflexible mandoit à son roi qu'il lui devoit châtiment comme à son fils spirituel, & le menaçoit d'être métamorphosé comme Nabuchodonosor. Rendu à Montmirail, il ne se montra ni moins véhément ni plus souple, quelques avances que lui fît Henri. Enfin, celui-ci frappé des dangers d'une maladie qu'il venoit

1169.

d'essuyer, & sentant la convenance de se rendre aux desirs du roi de France, embrassa l'Archevêque, accepta sa bénédiction, & lui permit de revenir en Angleterre, en l'assurant de sa parfaite réintégration.

CHAPITRE LXXIX.

Sacre de Henri-le-Jeune. Nouvelles brouilleries avec Becket. Meurtre de ce primat. Honneurs rendus à son tombeau. Inquiétudes & pénitence de Henri II.

1170.

Il s'en falloit prodigieusement que la réconciliation du Monarque & du Primat portât sur une base solide. Henri, dans le fort des orages qui ne cessoient d'agiter son règne, avoit cru qu'il étoit prudent de s'associer au trône l'aîné de ses fils, & venoit de le faire sacrer par les mains de Roger, archevêque d'York, en l'absence de l'archevêque de Cantorbéry. Celui-ci, toujours fougueux, toujours intraitable, & croyant ses droits attaqués, fut à peine de retour en Angleterre, où le peuple, poussé par l'enthousiasme de la superstition, lui rendit les plus grands hommages, qu'il fulmina de nouvelles censures, non-seulement contre les prélats qui avoient souscrit aux coutumes royales, mais aussi contre tous ceux qui avoient assisté au sacre du jeune Henri.

Les évêques excommuniés ou suspendus allèrent en porter la nouvelle à Henri qui étoit alors en Normandie dans son château de Bures près de Caen. Quoi ! s'écrie le Prince fatigué de tant de plaintes & de tracasseries, est il possible que parmi tant d'hommes comblés de mes bienfaits, pas un ne me venge de ce prêtre audacieux & turbulent ? Quatre gentilshommes de la maison du Roi prirent trop à la lettre ces expressions échappées à l'impatience du moment. Ils se concerterent entr'eux & passerent la mer. Le Roi s'appercevant de leur absence & soupçonnant leur dessein, leur envoya l'ordre de revenir ; mais le courier arriva trop tard. Le 25 décembre 1170 ayant suivi Becket aux vêpres de l'église S. Benoît de Cantorbéry, ils l'assommerent à coups de massue au pied de l'autel. Ainsi périt dans la cinquante-troisieme année de son âge & la neuvieme année de son épiscopat, cet homme qui, composé de vertus & d'orgueil, de lumieres & de préjugés, de zèle & de superstition, gâta ses bonnes intentions par les prétentions & l'opiniâtreté les plus intolérables. Dans les traverses qu'il s'attiroit par sa faute, il se comparoit à S. Athanase comme son contemporain S. Bernard, dans le mauvais succès des Croisades dont il avoit annoncé la réussite, se comparoit à Moyse qui ne put mettre le pied sur la terre de promission. Peu d'années après la mort de Becket, des docteurs Catholiques soutinrent que son ame étoit dans les enfers; & le Pape le canonisa.

Henri qui avoit pris des mesures pour faire examiner juridiquement la conduite de l'Archevêque, fut consterné de la nouvelle de son meurtre dont il prévoyoit les terribles conséquences. Il envoya tout de suite à Rome l'archevêque de Rouen, les évêques d'Evreux & de Winchester, l'abbé du Valasse, les archidiacres de Lizieux & de Salisbury, & deux autres ecclésiastiques d'un rang inférieur. Richard Barré, l'un d'entr'eux, vint à bout de désarmer le souverain Pontife, déjà soulevé par les rumeurs de tout le clergé de l'Europe, & par les plaintes du roi de France qui s'étoit formalisé de ce que sa fille Marguerite n'avoit point été sacrée & couronnée par l'archevêque d'York en même temps que son gendre.

Les pélerinages innombrables & les honneurs infinis rendus à la tombe de Becket qu'on regardoit comme un martyr, ne révoltèrent point les peuples contre leur souverain. L'interdit lancé par le légat, archevêque de Sens, sur les possessions de Henri dans le continent, fut suspendu : les soumissions du Roi furent acceptées.

Le Pape s'étant contenté, sans désignation de personne, de condamner implicitement les auteurs du meurtre de Becket; deux cardinaux allerent par son ordre sur les lieux vérifier l'innocence du Roi. Il fut absous à condition de contribuer d'hommes & d'argent aux expéditions de la Terre-Sainte, de conserver les immunités de l'église & des ecclésiastiques, de permettre les appellations au saint-siége, & de recevoir au tombeau du Primat assassiné quelques coups de discipline appliqués sur ses épaules nues par les moines de Cantorbéry; pénitence plus humiliante que douloureuse à laquelle il se soumit. C'est ainsi que plusieurs despotes se sont trouvés souvent chargés de ces mêmes fers de la superstition dont ils s'étoient servis pour enchaîner le peuple. Il semble qu'alors le ciel punissoit moins Henri de la mort de Thomas Becket que de sa trop facile adhésion au supplice que nous avons rapporté *chap.* 78. de ces trente Petrobrussiens ou Gerardiens qui, dans les angoisses de la torture, chantoient les louanges du Seigneur & prioient, comme saint Etienne, pour leurs bourreaux.

Observons que la plupart des auteurs anciens & modernes reculent jusqu'en 1174 la flagellation expiatoire de Henri ; mais comme ses différends avec la cour de Rome furent réglés dès 1171, nous en avons rapporté sur-le-champ les premiers effets pour ne point interrompre le récit d'une expédition que cette même cour favorisa, & qui remplira la plus grande partie du chapitre suivant. C'est encore pour ne plus revenir sur le Prélat si bizarrement saint & si tragiquement célèbre, que nous disons ici que sa tombe, honorée du pélerinage d'un
grand

grand nombre de ses concitoyens & des larmes de son roi, le fut aussi, vers 1180, d'une visite du roi de France qui lui attribua la guérison de son fils. Le comte de Dreux, frere de Louis-le-Jeune, fonda le Collége de Saint-Thomas-du-Louvre à Paris sous l'invocation de cet Anglois, qui peut-être eût été un grand homme à la tête du ministere ou des armées, mais qui devint un vrai brouillon dans les premieres dignités de l'église, pour avoir méconnu les bornes que l'évangile pose avec tant de sagesse entre le temporel & le spirituel.

CHAPITRE LXXX.

CONQUÊTE de l'Irlande. Jalousie d'Eléonor de Guyenne. Ses enfans se liguent avec la France contre leur pere. Hostilités. Bataille de Combuurg.

L'IRLANDE, dont l'abbé Mac-Géoghégan nous a donné l'histoire en langue Françoise, est une possession trop importante de l'empire Britannique pour n'avoir point exigé tous les détails que les historiens Anglois, arrivés à la conquête d'Henri II, rapportent des antiquités, de l'état & des mœurs de ce pays très-barbare à cette époque, & très-foible parce qu'il étoit partagé, comme l'ancienne Eptarchie Angloise, en plusieurs petites souverainetés ou royautés indépendantes les unes des autres (a). Pour nous, dont

___

(a) C'est de-là que presque toute l'ancienne noblesse Irlandoise compte presqu'autant de rois parmi ses ancêtres, que celle de France compte de barons ou de comtes. Mais la nole titre, le sujet & le plan ne rentrent qu'accessoirement & partiellement dans ceux de Hume & de Smolett, il nous suffira d'observer qu'une bulle du Pape alléguant l'avantage de soumettre un grand peuple demi-chrétien au denier de S. Pierre & au joug de la cour de Rome, sanctifioit aux yeux des sujets du roi d'Angleterre l'expédition que ce prince tenta en 1171, & qu'il consomma en moins de deux années par son fils Richard, par ses généraux & par lui-même pour l'entiere réduction de ce royaume.

L'Irlande, peuplée successivement

---

blesse & même toute la nation Irlandoise, ont trois époques de transmigration qui les ont bien mélangées. La premiere est celle de Henri II; la seconde, celle d'Elizabeth; la troisieme, celle de Cromwel. Lorsque le prince d'Orange, devenu roi d'Angleterre après avoir détrôné son beau-pere, conquit l'Irlande en 1691, il ne déplaça pas ainsi les individus & les familles; il se contenta de laisser passer en France quatorze mille Irlandois attachés à leur roi Jacques. Ce fut pour la France un précieux, mais bien foible dédommagement du million de sujets de tout âge, de tout sexe & de toute condition, que lui coûtoit l'intolérance de son roi, pendant que celle de Jacques II, cousin-germain de Louis XIV, étoit punie par la perte de sa couronne.

par des Scythes, des Gaulois & des Espagnols, avoit essuyé dans le neuvieme siecle, comme l'Angleterre & l'Ecosse, les visites des Normands. Mais ces navigateurs guerriers y avoient expié leurs ravages en y bâtissant les (*b*) seules villes qui subsistoient dans l'île lors de l'invasion de Henri. Ce qui rendit l'entreprise de ce prince très-heureuse & très-rapide, fut le parti qu'il tira des divisions occasionnées par l'incontinence & la tyrannie de Dermoth Mac-Monog, roitelet de Leinster, qui, ayant enlevé l'épouse d'O-Roric, roitelet de Meath, & se voyant chassé de l'île par le prince outragé que soutenoit Roderic O-Connor, roi de Connacie, s'étoit réfugié chez Henri II, & pour venger sa cause injuste, lui facilita des intelligences, des expéditions, & enfin la ruine & l'asservissement de sa propre patrie. Il semble que, malgré la différence de quelques moyens & de certaines circonstances, les mêmes crimes, depuis l'enlevement d'Hélene, produisent les

―――――――――
(*b*) C'est ainsi qu'ils ont bâti Louvain dans le Brabant.

mêmes malheurs & renouvellent l'application de l'ancien vers :

Quidquid delirant Reges, plectuntur Achivi.

Henri vainqueur & conquérant de l'Irlande, respecté dans ses états, redouté des puissances voisines & délivré des querelles ecclésiastiques, paroissoit au comble de la grandeur & de la prospérité. Des troubles domestiques, d'où naquirent bientôt les guerres étrangeres, empoisonnerent son bonheur. La princesse Marguerite sa bru, fille de Louis-le-Jeune, venoit enfin d'être couronnée reine d'Angleterre. Elle obtint de son beau-pere la permission de venir passer quelque temps avec son mari à la cour de France. Louis, soit par amitié pour son gendre, soit pour diviser les trop grandes forces & possessions accumulées sur la tête d'un vassal tel que le vieux Henri (c), détermina le jeune à demander le gou-

1172.

_____

(c) Il n'avoit pas quarante-trois ans, par conséquent moins d'âge que Louis-le-Jeune ; mais on l'appelle le vieux relativement à son fils aîné qui portoit le même nom de baptême, & n'avoit que vingt ans.

vernement d'Angleterre & de Normandie, plutôt qu'à se contenter du vain titre que lui donnoient le sacre & le couronnement.

Dans le même temps, Eléonor d'Aquitaine, jalouse avec cet excès de fureur où se portent plus volontiers les femmes jadis belles & galantes, lorsqu'elles se voient délaissées, venoit d'empoisonner Rosamonde Clifford sa rivale, & de persuader à ses propres enfans que leur pere seroit homme à leur préférer ses maîtresses & ses bâtards, s'ils ne prenoient des précautions contre son humeur & sa tyrannie. La maniere brusque dont le jeune Henri vit rejeter les propositions que lui avoit suggérées le roi de France, le confirma dans cette prévention.

Richard, ennuyé de porter sans autorité réelle le vain titre de duc de Guyenne & de comte de Poitou, joint son ressentiment à celui de son frere. Geoffroy, duc de Bretagne depuis la mort de Conan son beau-pere, & lassé de vivre sous la tutelle de son pere, entre dans cette ligue. Le seul Jean, à qui son pere avoit annoncé de grands avantages pour lui faire contracter avec la fille du comte de Maurienne un mariage que son frere Henri traversoit, le seul Jean s'abstint de cette confédération dénaturée. Le jeune Henri, qui en étoit l'âme, s'échappe de la cour d'Angleterre & vole à celle de France. Son beau-pere l'accueille, le protége, & par ses négociations & ses promesses, associe à sa cause les comtes de Flandre, de Boulogne, de Blois & d'Eu; il y fait même entrer Guillaume, roi d'Écosse, qui se jette avec une armée sur l'Angleterre, tandis que les autres confédérés menacent les possessions continentales.

1173.

Henri, abandonné ou combattu & par sa famille, & par ses voisins, trouve une double ressource & dans l'attachement de la grande pluralité de sa Noblesse, & dans les trésors qu'il avoit soigneusement ramassés. Il soudoie vingt mille *Brabançons*, *Cottereaux* ou *Routiers*, nom qu'on donnoit à des troupes Allemandes ou Flamandes non moins pillardes que braves, & par-là même souvent aussi redoutables aux amis qu'aux ennemis. Pendant que Richard de Lacy, son général en Angleterre, contient ou repousse le roi d'Ecosse, Henri vient en Normandie faire face, avec les soldats nationaux & avec les Brabançons, à ses nombreux ennemis. Cependant son fils aîné, à la tête de l'armée Françoise, s'empare de plusieurs places de cette province, & ses progrès se consolent de la mort du comte de Boulogne tué devant le château de Drincourt. Verneuil même, après un mois de siége, se rend à Louis-le-Jeune, accouru en personne à cette expédition Mais le monarque François, ainsi qu'il étoit arrivé quelquefois à son rival, souille sa conquête en livrant cette ville brave & fidele au pillage & aux flammes, malgré la capitulation.

Furieuse d'un procédé si affreux, quand il n'eût été qu'une représaille, & ne respirant que la vengeance, l'armée de Henri demande le combat, & son roi l'y mene. Mais Louis-le-Jeune, ne jugeant pas à-propos de l'attendre, évacue la place détruite, & fait plusieurs marches rétrogrades.

La retraite & l'inaction des François donnerent le temps à Henri d'envoyer ses Brabançons en Bretagne, où ils remporterent, le 20 mai 1173, auprès de Combourg, une grande victoire, suivie de la prise de Dol & de celle de Raoul, baron de Fougeres. Ce seigneur, profitant de la mésintelligence du duc Geoffroi avec le roi son pere, avoit formé le projet de dépouiller la race Angevine du duché de Bretagne, & d'y rétablir Eudon de Porhoet son parent.

CHAPITRE LXXXI.

Treves, guerres & paix de Henri avec la France, l'Ecosse & trois de ses fils. Mariage de plusieurs de ses enfans des deux sexes. Nouveaux nuages contre la France dissipés par le Légat. Mort de Louis-le-Jeune.

Les succès de Henri disposerent Louis-le-Jeune à des pourparlers de paix. La rencontre & la conférence des deux rois se firent entre Gisors & Trie. Louis présente au roi d'Angleterre une pierre dans une main & un pain dans l'autre, pour lui faire entendre qu'il pouvoit opter entre la guerre & la paix. Henri à qui ces symboles & ce ton de fierté n'en imposoient pas, répondit que celui qui s'étoit cru dans la nécessité de demander une trève, ne devoit pas être indifférent pour la paix. Ce début, assez aigre de part & d'autre, fut d'un mauvais augure pour l'issue des négociations. L'Anglois eut la mortification de voir ses trois fils faire cortége à son ennemi. Comme celui-ci disoit n'agir que pour soutenir leurs intérêts, Henri leur fit des offres si avantageuses, que, selon toute apparence, ils n'auroient point eu l'indignité de s'y refuser, si la défiance qu'on leur inspiroit contre leur pere n'eût été fortifiée par les querelles survenues entre des partis des deux armées, lesquels en vinrent aux mains malgré l'armistice. Louis irrité de la mort & de la prise de quelques-uns des siens, rompit la treve.

Outré jusqu'à la fureur & contre les François & contre ses enfans, & ne pensant qu'à sa vengeance, le roi d'Angleterre oublie la majesté de son rang jusqu'à se reconnoître vassal du pape, dont l'influence étoit alors si active sur les affaires de l'Europe. Rassuré de ce côté, il porte avec succès ses armes en Poitou, dans l'Anjou & jusqu'au Vendomois dont il prend la capitale. L'année suivante, il oblige le roi de France à lever le siége de Rouen, disgrace moins honteuse pour la mémoire de Louis-le-Jeune, que le projet qu'il avoit formé de surprendre la ville pendant une suspension d'armes, dont il étoit convenu avec les assiégés

1174.

1175.

pour célébrer le jour de S. Laurent. Avouons pourtant que cette perfidie, rapportée par la plupart des historiens, est détruite par d'autres, nommément par M. Gaillard, qui prétend que, sans aucune convention avec les assiégés, Louis avoit publié la suspension d'armes dans son camp, pour endormir l'ennemi dans une sécurité funeste. Alors, puisqu'il n'y auroit eu ni conférence ni promesse, ce stratagême rentreroit dans la classe de ceux que le terrible droit de la guerre autorise; il laisseroit aux Rouennois toute la gloire de leur défense, sans imprimer à Louis-le-Jeune l'opprobre d'un parjure.

On convint d'une nouvelle conférence entre Tours & Amboise. Les propositions de Henri furent beaucoup moins favorables pour ses fils, que les premieres qu'il leur avoit faites. Il reçut leurs soumissions & leurs hommages, & les deux Rois convinrent que les prisonniers de part & d'autre (excepté le baron de Fougeres, le comte de Leicester & celui de Cester, qui avoient favorisé les révoltes de Bretagne & les irruptions Ecossoises) seroient rendus sans rançon & rétablis dans leurs biens. Quant au roi d'Ecosse, défait & pris dans un combat, il ne recouvra sa liberté qu'en se déclarant vassal du roi d'Angleterre, & lui livrant quatre châteaux considérables, au nombre desquels étoit celui d'Edimbourg. Les autres conditions furent que les forteresses bâties de part & d'autre pendant la guerre, seroient rasées ; que Henri-le-Jeune se contenteroit de deux châteaux en Normandie avec quinze mille livres Angevines de pension, & laisseroit une partie de ses possessions & de ses rentes, tant en Angleterre qu'en Normandie, à Jean son dernier frere ; que Richard auroit dans le Poitou seulement deux forteresses & la moitié des revenus du comté ; & que Geoffroy, jusqu'à la conclusion de son mariage avec l'héritiere de Bretagne, partageroit avec son pere les revenus du duché.

Louis le-Jeune dont la santé s'affoiblissoit de jour en jour, & qui ne vouloit point laisser d'affaires épineuses à son fils & successeur, alors âgé de dix à douze ans, souscrivit de bon cœur à la paix. Pour la consolider, il fiança la princesse Alix, sa seconde fille, au comte Richard, & permit au vieil Henri d'emmener à Londres cette jeune princesse jusqu'à sa nubilité.

Henri, pour mieux oublier les horreurs de la guerre à-la-fois étrangère, civile & domestique qu'il venoit de terminer, maria dans le même temps ses filles, l'une au roi de Castille, l'autre au roi de Sicile, la troisieme au duc de Saxe. Il fit aussi épouser la fille de Robert comte de Glocester, à Jean son quatrieme fils, auquel il donna l'Irlande.

1177. Sans l'adresse du légat qui réconcilia de nouveaux les rois de France & d'Angleterre pour tourner leurs forces vers une croisade, leur paix eût été rompue dès l'année suivante, parce que Henri, sur des motifs ou des prétextes fort suspects, différoit la célébration du mariage de Richard, & demandoit la ville de Bourges en augmentation de dot d'Alix fiancée à ce Prince, & le Vexin françois pour supplément à celle de Marguerite, épouse du jeune Henri.

Louis-le-Jeune, après avoir marié, dès 1179, son fils avec Isabelle de Hainaut, issue en ligne féminine & de l'ancienne maison de Lorraine ou de

Charlemagne, & de celle de Normandie ou de Rollon, mourut à Paris dans la soixantieme année de son âge & la quarante-quatrieme de son regne. Cette mort empêcha la jonction des deux rois pour la Palestine ; mais entre les deux puissances, elle occasionna d'autres événemens que nous développerons dans les chapitres qui vont suivre.

CHAPITRE LXXXII.

Dernieres guerres d'Henri II, tant avec la France qu'avec ses propres enfans. Mort d'Henri Courtmantel & de Geoffroy duc de Bretagne. Mort, caractere & législation de leur pere.

1180.

A la mort de Louis-le-Jeune, la reine douairiere Alix & les princes de Champagne ses freres, jaloux de l'autorité trop absolue que le nouveau roi laissoit prendre à Philippe comte de Flandre, son tuteur & son parrein, firent des plaintes & des tentatives qui prouverent leur mécontentement. Le jeune roi menaça de les punir comme rebelles, & la reine sa mere s'enfuit précipitamment en Normandie. Les deux Henris s'empresserent de l'accueillir & de la secourir. Leur armée & celle de Philippe II étoient près d'en venir aux mains, lorsque le cardinal de Saint-Chrysogone, légat

1181. du Saint Siége, fit consentir les deux monarques à une entrevue. Elle se tint entre Trie & Gisors, & eut la plus desirable issue. Heureux les papes, heureux les rois qui les reconnussent pour vicaires de Christ, si ces pontifes n'avoient jamais fait qu'un si pieux & si bel usage de leur influence & de leur autorité! On renouvela les anciens traités entre les deux couronnes; Philippe consentit au retour de sa mere, avec promesse de l'entretenir selon son rang; &, revenu dans ses états, il engagea son dangereux tuteur à se retirer en Flandre.

Le vieil Henri, par sa puissance ses conquêtes, son gouvernement, & sur-tout par le caractere & la conduite de ses enfans, avoit beaucoup de rapports avec son bisayeul maternel Guillaume le Conquérant. Inquiété de nouveau par son fils aîné qui redemandoit la Normandie, il prit le parti de le brouiller avec ses freres, en lui persuadant qu'il devoit d'abord se faire rendre par eux l'hommage des états dont ils avoient la possession ou du-moins le titre. Geoffroy duc de Bretagne, y consentit, & joignit presqu'aussi-tôt ses armes à celles de son aîné, pour contraindre à la même formalité Richard

1183.

comte de Guyenne, qui, vainqueur de ses barons mutinés, ne voulut point reconnoître un suzerain dans son frere. Alors le vieux Henri, n'appréhendant plus d'entreprises directes de ses enfans, ne s'occupe qu'à les réconcilier. Mais son fils aîné emporte Limoges à sa vue & malgré lui ; puis, se croyant joué, il prend le parti de la dissimulation, feint d'être irrité contre ses freres, & travaille en secret avec eux à dépouiller leur pere de l'autorité suprême. Tandis qu'il poursuivoit ce projet coupable, une fievre violente l'attaque à Martel en Querci, & il expire dans sa vingt-neuvieme année avec les signes du plus violent repentir d'avoir si souvent levé l'étendard de la rebellion contre l'auteur de ses jours. Ce pere le pleura sincerement, & fit célébrer ses obseques avec pompe. La jeune veuve Marguerite de France fut renvoyée au Roi son frere, qui la remaria à Bela, roi de Hongrie.

1184.

Richard, devenu le présomptif héritier d'Angleterre & de Normandie, se raccommoda pour quelque temps avec son frere, craignant que Henri ne suivît l'exemple de Guillaume le

Bâtard, en lui préférant un cadet pour successeur au royaume d'Angleterre. Pendant le calme qui subsista trop peu de temps, Henri fit quelques reglemens utiles sur lesquels nous reviendrons, & reçut une visite d'Héraclius, patriarche de Jérusalem, qui vint lui présenter les clefs du Saint-Sépulcre & de la Tour de David. C'étoit une marque du desir que ressentoient les chrétiens de la Terre Sainte d'avoir le roi d'Angleterre pour souverain, non-seulement à cause de sa puissance qui leur auroit été d'un grand secours, mais aussi parce qu'il étoit petit-fils de Foulques d'Anjou, l'un de leurs rois.

1185.

Le Pape peu satisfait de ce qu'Henri, en permettant la Croisade à ses sujets, avoit refusé de se croiser lui-même, lui refusa de son côté quelques graces relatives à la supériorité temporelle des rois sur les corps ecclésiastiques. Mais en réservant au siége de Rome le denier de S. Pierre & plusieurs autres avantages, il lui accorda la permission de faire couronner Jean son dernier fils roi d'Irlande. Henri arma ce fils chevalier, & l'envoya dans son nouveau royaume en qualité de simple gouverneur, craignant que le couronnement n'excitât la jalousie de ses freres qui en prenoient déjà de l'ombrage. Jean se comporta si mal avec les Irlandois, que son pere fut obligé de le rappeler ; triste présage ou pressentiment de la destinée de ce prince.

Cependant Henri donnoit au roi de France de justes sujets de plainte. Il refusoit de restituer le Vexin, qui avoit été assigné pour dot à la veuve de son fils aîné, sœur de ce Prince. Il éludoit encore de marier la jeune Alix autre sœur, à son second fils Richard, devenu l'aîné par la mort du jeune Henri; & le bruit couroit que ce roi, qui avoit fait renfermer sa jalouse & vieille épouse Léonor d'Aquitaine, avoit indignement abusé des premiers signes de nubilité de la jeune princesse qu'on lui avoit confiée comme bru future.

Le naturel bouillant de Richard redoubla de violence au seul soupçon d'un outrage si cruel & si sensible. Il se ligua promptement avec Philippe; & Geoffroi son frere, voulant joindre le comté d'Anjou au duché de Bretagne, entra dans cette ligue. Mais aux inquiétudes que ce dernier donnoit à son pere, succéda bientôt le chagrin d'apprendre sa mort. Il périt dans un tournois à Paris, en 1186, à l'âge de vingt-neuf ans. Ce duc s'étoit rendu célebre, en 1185, par la fameuse assise où furent réglés les partages des enfans de barons & de chevaliers; loi qui successivement est devenue générale en Bretagne pour toute famille noble de trois degrés.

Geoffroy n'avoit qu'une fille nommée Eléonore, âgée de deux ans. Il laissoit enceinte Constance de Bretagne sa veuve, qui accoucha neuf mois après d'un fils auquel Henri son ayeul voulut donner son nom, mais que les Bretons, par une acclamation solemnelle, appelerent Artur, en mémoire du preux Artur, célebre dans leurs histoires fabuleuses.

Le roi d'Angleterre ayant assemblé les états de Bretagne à Nantes, tâcha de les disposer en sa faveur, en soumettant les îles de Gersey & de Garnesey à la jurisdiction spirituelle de l'Evêque de cette ville, & tempérant par cette concession l'amertume que l'hommage qu'il leur faisoit rendre coûtoit à leur amour-propre. Mais il n'obtint rien au-delà de cette ombre ou forme de soumission féodale. Les Bretons lui refuserent la garde, régence & tutelle de leur prince, & les confierent de préférence à la duchesse mere. On convint seulement qu'elle consulteroit le monarque Anglois. Celui-ci, pour affermir davantage son autorité dans cette région, maria Constance à Ranulfe comte de Cestre, fils de Matilde de Glocester sa cousine-germaine, & descendu en ligne masculine de ce Goz-Toustain que nous avons vu chambellan du duc de Normandie, comte d'Hyesme & gouverneur de Falaise en 1040. Ranulfe se croyant déjà souverain de Bretagne, dont il étoit à peine co-régent, prit aussi-tôt le titre de duc; ce qui lui attira la haine des Bretons, qui, secondés par la France, le chasserent de leur pays.

1188.

Henri, après une année de guerre soutenue avec désavantage dans ses possessions continentales, ayant perdu presque la totalité du Maine & de la Touraine, & beaucoup de places en

Normandie, éprouvant encore la douleur de voir Jean son fils chéri prêt à se joindre à Richard, consentir enfin à la médiation que le duc de Bourgogne, le comte de Flandre & l'archevêque de Reims lui offrirent auprès du roi de France.

La conférence & la paix se firent, les uns disent à Coulomiers en Brie, les autres à Colombieres en Touraine. Il y fut stipulé que le comte de Poitou, Richard, iroit en croisade avec le roi de France, & que son mariage avec Alix se célébreroit au retour ; que ce même prince recevroit, du vivant de son pere, & le plutôt possible, l'hommage & le serment de fidélité des Anglois & de tous ses autres sujets du continent ; qu'Henri paieroit à Philippe vingt mille marcs en indemnité des frais de la guerre ; qu'il pardonneroit à ses vassaux partisans de Richard, & qu'enfin ses Barons s'engageroient à se joindre avec Philippe & Richard contre lui, s'il s'avisoit d'enfreindre le traité.

Sans rechercher la multitude d'exemples semblables à ceux-ci, mais étrangers à notre sujet, on peut dire que

la vie de Guillaume le Conquérant &
& celle de Henri II sont encore de
nouvelles preuves du néant des gran-
deurs humaines. Henri II, ainsi que
l'autre, avec beaucoup de puissance,
de mouvement & d'éclat, goûta peu
de bonheur. La jalousie inquiete, exigeante & tracassiere d'Eleonore d'A-
quitaine sa femme, le contraignit à
l'enfermer. Son différend avec Thomas
Becquet, & le meurtre de ce turbulent archevêque de Cantorbéry, lui
causerent une infinité de soucis &
d'embarras. L'Ecosse & la France lui
firent la guerre : il eut à combattre
son propre frere ; & ses fils, aigris par
les instigations de leur mere, peut-être
aussi parce qu'il n'avoit pas toujours
pour eux des sentimens ou des procédés paternels, prirent les armes contre
lui. Le pere d'Orléans, à cause de ces
guerres intestines & de sa pénitence
à Cantorbéry, le compare à David &
à Théodose.

Comblé d'humiliations, de courroux & de douleur, Henri ne survé-
cut que peu de jours au dernier traité.
Une fievre violente, dont il fut surpris à
Chinon, le mit au tombeau le 6 Juillet,

ou,

où, selon le nouveau style, le 17 Juillet 1189, dans la trente-cinquieme année de son regne & la cinquante-huitieme de son âge. Comme il avoit une furieuse réputation d'incontinence, des chroniqueurs cités par le Baud, historien de Bretagne, disent qu'il fut étranglé dans son lit par deux domestiques dont il avoit séduit les femmes.

Outre les cinq enfans légitimes dont nous avons parlé dans le cours de sa vie, il laissa trois bâtards connus, dont deux de la belle Rosemonde. Geoffroi, le dernier de ceux-ci, & depuis archevêque d'Yorck, fut le seul qui accompagna son corps à l'abbaye de Fontevrault où il avoit ordonné sa sépulture. Richard vint rendre les derniers devoirs à ce cadavre insensible tandis qu'il étoit encore exposé. A l'approche de ce fils souvent rebelle, le corps jeta quelques gouttes de sang par le nez & par la bouche. Ce phénomene, auquel on a donné depuis beaucoup d'explications physiques, fut alors regardé comme un miracle. Richard, quoique d'un naturel peu susceptible d'attendrissement, fut accablé de l'impression d'un tel spectacle. Il fondit en larmes, & se reprocha douloureusement ses désobéissances envers l'auteur de ses jours.

Henri II étoit d'une taille moyenne, vigoureuse & proportionnée. Il avoit une physionomie vive & ouverte, une conversation intéressante, une élocution facile & persuasive. Il montroit à la guerre autant de vertus que de talens. Studieux, instruit & sobre; mais esclave de quelques passions, il aimoit plus qu'il ne cultivoit la prudence & la justice. Souvent équivoque dans sa conduite envers ses freres, sa femme, ses enfans, ses vassaux, ses sujets & ses voisins; irascible, opiniâtre, avide, incontinent & ambitieux à l'excès : il est aisé de sentir combien de vices & d'erreurs mélangerent ses vertus & ses actions. Ce qui rend sa mémoire plus recommandable, c'est sa législation. Nous n'en donnerons qu'une idée fort légere, parce qu'elle concerne plus l'Angleterre que la Normandie.

Il abolit les coteries licencieuses qui occasionnoient mille désordres à Londres, & ne voulut pas faire grâce de la vie à un criminel riche qui offroit cinq cens marcs pour se racheter. Il abolit également l'usage barbare de confisquer les vaisseaux naufragés sur la côte ; &, d'après ses reglemens, toutes les fois qu'il restoit un homme ou un animal vivant dans le navire, on le rendoit au propriétaire avec la cargaison.

Il adoucit la rigueur des loix forestieres, renonça, comme nous l'avons dit, à l'odieux impôt du Dangelt, supprima la cérémonie dispendieuse & superflue de renouveler le couronnement royal trois fois par an, établit le premier des taxes personnelles pour les besoins pressans de l'état & pour la dépense des croisades, & substitua des contributions pécuniaires aux levées d'hommes que les barons ou tenanciers militaires lui devoient pour le service de guerre. Il établit les circuits ou les six départemens du Royaume dans lesquels il envoyoit des cours ambulatoires à-peu-près comme l'échiquier de Normandie, & quelquefois des officiers supérieurs de police & de justice semblables aux *missi dominici* de Charlemagne.

Pour la Normandie comme pour l'Angleterre, il défendit de saisir les biens d'un vassal pour dettes de son Seigneur, à moins que le premier ne se fût rendu caution, & il ordonna que les créanciers d'un seigneur auroient droit avant lui sur les rentes de son vassal.

Ce qui nuisit quelquefois à la sagesse & à l'exécution de ses loix, c'est qu'il les promulgua presque toutes sans consulter ses états. Ce ton despotique lui fut souvent funeste à l'égard de sa femme, de ses enfans, de ses vassaux, de ses voisins, & sur-tout du clergé si difficile à conduire alors, ainsi que le prouvent la tragique histoire de Thomas de Cantorbéry & la querelle de deux prélats Anglois. Ceux-ci se battirent à coups de poing dans une Eglise en 1176 pour la préséance, & furent imités par leurs partisans respectifs, moines & prêtres.

Rymer rapporte en latin le testament que, selon d'autres, Henri II fit en langue romance. Nous conjecturons que cet acte fut originairement écrit dans les deux langues, & qu'on regarda comme plus authentique celui dont l'idiôme étoit plus généralement répandu dans la Chrétienté, c'est-à-dire, l'acte en latin. Les legs pieux y passent quarante mille marcs d'argent ; & l'idée qu'ils donnent de la richesse du testateur augmente encore lorsqu'on voit que son successeur, outre les trésors qu'il reçut en France des mains du sénéchal d'Anjou, trouva dans Winchester neuf cens mille livres pesant en or & en argent non monnoyé, sans les vases & les pierreries dont la valeur excédoit encore cette somme immense.

Au surplus, cette preuve de l'opulence de Henri pouvoit l'être aussi de ses exactions. Un Roi qui avoit guerroyé toute sa vie, payé de grosses indemnités, contribué aux frais des croisades, acquitté plusieurs charges envers la cour de Rome, soldé de nombreuses troupes de Brabançons, pouvoit-il avoir amassé, par des moyens toujours purs, un si riche trésor ?

150 Essai sur l'Histoire

RICHARD,
DIT CŒUR-DE-LYON,
Ier. DU NOM POUR L'ANGLETERRE
ET QUATRIEME POUR LA NORMANDIE,
DONT IL ÉTOIT LE QUATORZIEME DUC.

CHAPITRE LXXXIII.

Richard met sa mere en liberté, rend hommage au roi de France, fait des distributions & des libéralités en Normandie & en Angleterre. Massacre des Juifs lors de son couronnement. Exactions & préparatifs pour la croisade. Réflexions des abbés Racine & Fleury. Embarquement de Richard pour la France.

Les regnes de Guillaume le Conquérant & de Henri II nous ont inspiré sur la vanité des choses humaines quelques réflexions que la sagacité du lecteur & la crainte de tomber dans l'ennui des lieux communs, nous ont dispensés d'étendre. Ces réflexions seroient encore plus applicables au regne de Richard Cœur-de-Lyon, prince dont la vie n'est qu'un tissu d'héroïsme & de férocité, de magnificence & d'avarice, d'esprit & d'inconduite, de malheurs & de gloire.

Après avoir vu rendre à Fontevrault les honneurs funebres à son pere, il contraignit Etienne de Turham, sénéchal d'Anjou, de lui livrer les places fortes & la partie des trésors du feu Roi, qu'il gardoit dans ce comté. Il ne fut pas moins diligent à pacifier toutes les querelles de toutes les provinces continentales & à s'assurer de leur obéissance; puis il vint à Séez, où les archevêques de Rouen & de Cantorbéry lui donnerent l'absolution d'avoir porté les armes contre son pere. Ensuite il se rendit à Rouen, où l'archevêque Gautier lui ceignit l'épée ducale & le salua duc de Normandie en présence des prélats & des hauts-barons.

1189.

Son premier acte de souveraineté fut de tirer sa mere Eléonore de la prison où elle étoit renfermée depuis

G iv

douze ou quinze ans. Il paſſa bientôt avec elle en Angleterre, accompagné de Jean ſon frere auquel il avoit donné le comté de Mortain en Normandie, huit châteaux & ſix comtés en Angleterre, quatre mille marcs de penſion, & la main d'Ariſa, fille & unique héritiere du riche comte de Gloceſtre. Il avoit auſſi donné (*a*) ſon conſentement royal à l'élection de ſon frere naturel Geoffroy pour l'archevêché d'York. Avant ſon départ, il s'étoit ſignalé par beaucoup d'autres libéralités envers pluſieurs de ſes parens & nombre de grands de ſa Cour, à l'occaſion de pluſieurs mariages dont il fut le protecteur. Mais ce qui ſe paſſa de beaucoup plus important, ce furent ſes entrevues à Paris & à Nonancourt avec Philippe II, roi de France, dont il ſe déclara l'ami & le fidele vaſſal, & qui lui abandonna les places nombreuſes & conſidérables qu'il venoit de con-

---

(*a*) Le peu d'ordre & d'accord des anciens auteurs auroit pu nous occaſionner quelque légere tranſpoſition chronologique ſur les dons, nominations & diſtributions qui précéderent ou ſuivirent immédiatement le voyage de Richard en Angleterre.

quérir, & jusqu'à ses prétentions sur Gisors, moyennant une simple promesse d'ajouter seulement quatre mille marcs aux vingt mille que le dernier Roi étoit convenu de payer pour dédommagement des frais de la guerre. Richard ne voulant pas se laisser vaincre en générosité, céda au Roi son suzerain Cressac, Issoudun, & tout ce qu'il possédoit de fief en Auvergne.

Les Anglois virent avec une alégresse inexprimable l'arrivée de leur nouveau Souverain. Il se signala chez eux comme dans le continent par beaucoup de munificence & de largesses, & fit restituer les confiscations que son pere avoit exercées contre plusieurs barons, entr'autres contre Robert comte de Leicester. Il n'oublia point de s'emparer du trésor de Henri II à Winchester. La noblesse & le haut clergé lui prêterent serment à son couronnement, dont la cérémonie se fit à Westminster le 2 Septembre 1189. Le doyen de S. Paul y officia, parce que l'évêché de Londres étoit vacant. Un événement cruel empoisonna la joie d'une si grande journée. Richard avoit défendu d'introduire aucun Juif dans l'église pendant son couronnement, & dans le palais pendant son dîné. Quelques individus de cette nation proscrite, amenés par la curiosité, tâcherent de se glisser dans la foule, espérant de n'être pas remarqués. On les reconnut. Ils furent repoussés avec violence, & le peuple superstitieux, encore excité par les moines qui prêchoient la croisade, en foula plusieurs aux pieds & en tua quelques-uns. La populace, instruite de l'ordre que le Monarque avoit donné de les chasser, prit les armes, assiégea dans leurs maisons ceux qui s'y étoient renfermés, & massacra ceux qui se trouverent dans les rues.

Richard, averti du tumulte, envoya le grand-justicier & d'autres seigneurs pour l'appaiser. Mais leurs efforts échouerent contre la multitude & l'emportement des mutins qui mirent le feu à toutes les maisons où les Juifs s'étoient retirés. Après une nuit passée dans les horreurs du vol, du meurtre & de l'incendie, dont plusieurs chrétiens furent aussi la victime, la populace assouvie se dispersa au point du jour. Richard fit arrêter & punir de mort quelques-uns des chefs ou des plus acharnés; mais cette justice n'empêcha pas que les mêmes atrocités ne se renouvelassent à Lyme, Yorck, Stamford, & dans quelques autres villes. Smolett pense avec fondement que l'avarice eut plus de part à cette barbarie que le zele de la religion. Cinq cens Juifs, réfugiés & attaqués dans le château d'Yorck, égorgerent dans une rage de désespoir leurs femmes & leurs enfans, jeterent les corps sanglans par-dessus les murailles, & se brûlerent ensuite eux-mêmes comme les anciens habitans de Numance. Les Chrétiens, leurs ennemis & leurs débiteurs, coururent à la cathédrale où les obligations étoient en dépôt, & firent devant l'autel un feu de joie de ces billets. L'évêque d'Ely, chargé par le roi de rechercher & de punir les auteurs de tant de forfaits, crut devoir modérer ses poursuites à cause de l'évasion d'un grand nombre, & de la difficulté de reconnoître les plus coupables dans une multitude immense. Il se borna donc à priver de leurs charges le schérif & le gouverneur d'Yorck, & à lever de grosses amendes sur les plus riches habitans.

La générosité de Richard & l'opulente succession que lui avoit laissée son pere, ne l'empêcherent pas d'agir en prince avide & exacteur pour fournir aux frais de la croisade. On vouloit venger la cause de Jesus-Christ; mais, disent les abbés Racine & Fleury, « ce » qui la déshonore véritablement, c'est » la vie corrompue des mauvais chrétiens, comme étoient la plupart des » croisés, beaucoup plus que la profanation des créatures insensibles, » des bâtimens consacrés à son nom, » & des lieux qui nous rappellent » la mémoire de ce qu'il a souffert » pour nous : quelque respect qui » soit dû à ces saints lieux, sa religion n'y est pas attachée. Il nous » l'a déclaré lui-même, en disant que » le temps étoit venu où Dieu ne seroit » plus adoré ni à Jérusalem ni à Samarie (*Jean, ch.* 4), mais par toute » la terre, en esprit & en vérité. C'est » une équivoque d'appeler la Palestine l'héritage du Seigneur & la » terre promise à son peuple. Ces » expressions ne conviennent qu'à

» l'ancien testament dans le sens lit-
» téral, & ne peuvent être appliquées
» au nouveau que dans le sens figuré.
» L'héritage que J. C. s'est acquis par
» son sang, est son Eglise rassemblée
» de toutes les nations ; & la terre
» qu'il lui a promise est la patrie cé-
» leste. Nous devons être disposés à
» donner notre vie pour lui : mais
» c'est en souffrant toutes sortes de
» persécutions, de tourmens, & la
» mort même, plutôt que de l'offenser
» & de perdre sa grâce. Il ne nous
» a pas commandé d'exposer notre
» vie en attaquant les Infideles les
» armes à la main ». * * * * * * * « Il
» s'étoit passé plus de cinq cens ans
» depuis que les Musulmans avoient
» conquis la Palestine jusqu'à la pre-
» miere croisade. Quelle horrible con-
» fusion verra-t-on dans le monde,
» s'il est permis de contester à un sou-
» verain un pays dont il est depuis si
» long-temps en possession ? Les Mu-
» sulmans avoient d'abord été des usur-
» pateurs : mais si cinq siecles ne suf-
» fisoient pas pour les rendre légitimes
» possesseurs, quel prince pourra se
» promettre qu'on le laissera tranquille

» sur son trône »? * * * * * « Si les
» princes chrétiens s'imaginoient être
» en droit d'attaquer les Musulmans
» parce qu'ils avoient autrefois usurpé
» la Palestine; comment ne voyoient-
» ils pas qu'on auroit pu leur opposer
» les mêmes raisons ; & qu'en con-
» testant aux Infideles un pays dont
» ils étoient maîtres depuis plusieurs
» siecles, ils ébranloient eux-mêmes
» leur propre autorité »? * * * * « Les
» Chrétiens qui vivoient sous la do-
» mination des Musulmans ne pou-
» voient s'accoutumer à leur obéir.
» Ils les regardoient comme une na-
» tion maudite, & traitoient les
» princes infideles de tyrans exécra-
» bles. Mais comment reconnoître en
» cela le premier esprit du christia-
» nisme, & cette soumission parfaite
» aux empereurs payens pendant trois
» cens ans de persécution? Les princes
» chrétiens eux-mêmes étoient-ils en
» droit d'attaquer d'autres souverains
» qui ne leur faisoient aucun tort, &
» qui ne leur avoient donné aucun
» sujet de faire la guerre?

« Les Croisés ne pouvoient marcher
» contre les Musulmans que comme

» alliés des empereurs de Constanti-
» nople; mais ces empereurs n'avoient-
» ils pas fait des traités de paix avec
» les princes Musulmans ? Examina-
» t-on sérieusement en Occident si
» les plaintes des Grecs contre les
» Musulmans étoient fondées ? D'ail-
» leurs les empereurs de Constanti-
» nople, qui avoient d'abord deman-
» dé du secours aux Latins, n'en vou-
» loient plus ensuite ». * * * * * * *
« Enfin, y a-t-il rien qui soit plus
» contraire à l'esprit de la religion
» chrétienne que les entreprises des
» croisés ? Les fideles des beaux
» siecles de l'Eglise n'en auroient-ils
» pas eu horreur ? Faut-il autre chose
» que la lecture de l'Evangile pour
» condamner sévèrement des guerres
» qui lui paroissent si contraires ? Les
» Chrétiens, qui vouloient étendre
» leur religion en tuant, ne se rap-
» prochoient-ils pas de la conduite de
» Mahomet qui avoit eu souvent re-
» cours au même moyen ? N'enle-
» voient-ils pas au Christianisme une
» des preuves les plus claires de sa
» divinité, & un de ses titres les
» plus glorieux, qui est de s'étendre

» & de se perpétuer par les armes spi-
» rituelles qui ont servi à l'établir (*a*) »?

Voilà des réflexions bien naturelles & bien judicieuses, que ne firent ni le roi d'Angleterre, ni ses voisins, ni ses sujets. Dans toute l'Europe chrétienne, une fausse dialectique égaroit le clergé, un faux zele transportoit le peuple, un faux héroïsme exaltoit la noblesse.

Richard fit argent de tout pour subvenir aux énormes dépenses du voyage & de l'expédition qu'il projetoit. Non content des subsides im-

***

(*a*) En vain s'autoriseroit-on des prédications de S. Bernard & de quelques passages de S. Thomas en faveur des croisades : C'est, sur-tout, après la captivité & la mort de S. Louis, que les successeurs de Richard & de Philippe-Auguste ont pu ajouter, avec les sages ecclésiastiques qui m'ont fourni cette longue & utile citation : « Dieu, en aban-
» donnant la plupart des croisés à la fureur
» de leurs passions, en les laissant donner dans
» les excès les plus criants, & en permettant
» que les croisades eussent un si malheureux
» succès, & des suites si funestes, par rap-
» port à la discipline, semble avoir assez
» clairement décidé la question, & avoir ap-
» pris à tous les siecles suivans ce qu'il faut
» penser de ces entreprises ».

menses que lui donnerent les prélats & barons rassemblés, il aliéna les revenus & les domaines de la couronne, vendit le premier les charges & les places de confiance, les grands & petits offices de magistrature. Il auroit, disoit-il, vendu jusqu'à Londres. Glanville, grand-justicier du Royaume, voyant que le poids de son âge, de son expérience, de ses services, de sa dignité, de ses remontrances, n'arrêtoit point la fougue de son maître, donna sa démission & s'engagea dans la croisade. Sa charge fut aussi-tôt vendue à Hugues de Puazs, évêque de Durham, auquel fut associé Guillaume de Mandeville comte d'Essex. Le Roi, muni d'une bulle du Pape, se fit aussi payer les dispenses de ceux qui ne voulurent pas se croiser. Guillaume, roi d'Ecosse, voyant son desir & son besoin d'argent, profita de l'occasion pour étendre le vasselage de son Royaume & recouvrer les châteaux de Berwik & de Roxborough, en donnant la modique somme de cent mille marcs.

En Angleterre comme en Normandie, Richard affecta beaucoup d'égards pour ceux qui avoient servi son pere contre lui, & beaucoup de mépris pour ceux qui l'avoient servi contre son pere. Les uns ne virent que justice & magnanimité dans cette conduite; les autres y soupçonnerent de la politique & de l'ingratitude. Pour nous, nous croyons y reconnoître le caractere souvent extrême, & presque toujours plus saillant que judicieux, d'un prince à-la-fois bien intentionné, mal instruit, & très-irréfléchi. Ce même caractere éclata dans le mauvais choix qu'il fit de Guillaume Longchamp, évêque d'Ely, Normand de basse naissance & d'âme peu élevée, pour lui confier la régence du Royaume. Ce qui honora le mieux Richard, fut sa piété filiale envers la reine Eléonore, à laquelle il rendit de grands honneurs, & assura beaucoup de revenus & de crédit. Après avoir ainsi mis ou cru mettre ordre aux affaires d'un royaume d'où il auroit dû ne jamais s'éloigner, il s'embarqua pour la France où Philippe-Auguste l'attendoit.

CHAPITRE LXXXIV.

Marche & embarquement des deux Rois. Leur arrivée en Sicile. Exploits de Richard à Messine. Départ pour la Terre-Sainte. Conquête de l'île de Chypre, & mariage du roi d'Angleterre avec l'infante de Navarre.

Richard aborda le 10 Décembre 1189. à Calais, & se rendit bientôt à Gravelines, où l'attendoit Philippe comte de Flandre, qui l'accompagna jusqu'à la frontiere de Normandie. Les Etats de cette Province, assemblés à Rouen, firent d'aussi grands efforts que ceux d'Angleterre, & lui accorderent de puissans secours d'hommes & d'argent. Ce fut dans cette Ville que Foulques, curé de Neuilly, célebre & véhément prédicateur de la croisade, osa lui conseiller publiquement de se défaire de trois filles dangereuses, la superbe, l'avarice & l'impureté. Eh bien, dit le Roi, je donne la premiere aux templiers, la seconde aux moines de Cîteaux, la troisieme à mes prélats.

Mais un trait moins gai que cette réponse, & très-sérieusement blâmable, fut l'artifice honteux dont le Roi se servit pour tirer de nouvelles sommes d'Angleterre. Il feignit d'avoir perdu le grand sceau, & déclara inutile tout acte non-revêtu du nouveau qu'il fit faire. Pour surcroît d'avidité, l'évêque d'Ely, qui réunissoit la puissance & les titres de légat & de régent en Angleterre, fut envoyé dans le pays de Galles & en Irlande, pour obliger chaque abbaye & terre seigneuriale relevant de la couronne, à fournir un cheval de bataille & un cheval de somme. Toutes les villes furent obligées d'en donner deux de chaque espece.

Sur ces entrefaites, Isabelle de Hainaut, reine de France, mourut le 15 Mars 1190, & cet événement retarda jusqu'au milieu de l'été l'entrevue que les deux Rois eurent au Gué-Saint-Remi. Déjà liés par d'anciennes confédérations; tous deux ardens, beaux & braves ; tous deux avides de gloire, de plaisir, d'argent & de conquêtes, ils se fêterent avec une cordialité qui ne laissoit soupçonner à leur suite ni à eux-mêmes cette rivalité cruelle qui devoit les désunir un jour & les rendre acharnés ennemis. Ils concerterent ensemble les préparatifs, la marche, l'ordre, la discipline & la police de leurs armées de terre & de mer. Entr'autres articles du code pénal, les meurtriers devoient être jetés à la mer avec le corps mort, & les voleurs devoient être exposés sur le premier rivage après avoir eu la tête rasée, puis couverte de plumes & de poix bouillante.

Philippe, de retour en sa capitale, alla prendre à Saint-Denis l'oriflamme, deux autres étendarts auxquels on attribuoit de grandes vertus, le bourdon, la pannetiere, & plusieurs reliques en haute vénération. Richard alla recevoir à Tours de semblables attributs de pélerinage par les mains de l'archevêque Guillaume. Ensuite les deux Monarques, chacun à la tête de son armée, se rendirent au rendez-vous indiqué à Vezelai sur les frontieres de Bourgogne & de Nivernois.

Philippe avoit fait son testament avant de partir, & confié le gouvernement, pendant son absence, à sa mere

Alix & au cardinal de Champagne son oncle. Dès l'année 1188, il avoit imposé sur les dîmes du Clergé un dixieme, qui fut nommé la dîme Saladine, parce que la guerre contre Saladin, chef des Musulmans, en étoit l'objet.

Les deux Rois voyagerent ensemble jusqu'à Lyon. Dans cette ville, ils se séparerent à cause de l'extrême difficulté de faire marcher & subsister à-la-fois cent mille combattans. Philippe prit le chemin de Gênes, & Richard celui de Marseille, où beaucoup de pélerins vinrent s'incorporer à leur armée. Le rendez-vous étoit donné à Messine. Le François y arriva le premier avec une flotte très-délabrée par une tempête qui avoit obligé de jeter les provisions à la mer. Il fallut en faire de nouvelles en Sicile, où elles se trouverent au poids de l'or. Philippe eut la générosité de tirer de son trésor de quoi remettre en équipage tous ceux qui avoient perdu le leur.

Quant à Richard, il eut le désagrément d'attendre toute une semaine l'arrivée de sa flotte ; & ce retard, qui contraria sa bouillante impatience, fut un vrai bonheur, puisqu'il le préserva de la tempête qui coûta aux François beaucoup de vaisseaux, d'hommes, de chevaux, de machines, de munitions de guerre & de bouche.

Richard, arrivant à Messine, eut une conférence amicale avec le roi de France, qui, pour faire place aux Anglois & Normands prêts à débarquer, donna promptement aux siens l'ordre du rembarquement. Mais les vents devinrent contraires, & l'armée Françoise restant dans la ville, celle de Richard fut logée dans les fauxbourgs.

Alors régnoit en Sicile le bâtard Tancrede, dernier mâle de la dynastie Normande, que les Insulaires avoient préféré à la princesse Constance, tante légitime & paternelle du dernier Roi, & femme de l'empereur Henri VI. Jeanne sœur de Richard, & veuve sans enfans de ce dernier roi, avoit été arrêtée par Tancrede, parce qu'elle favorisoit le parti de Constance. Richard, à son arrivée, demanda & obtint la liberté de sa sœur. A peine fut-elle revenue près de lui, qu'il fit aussi la répétition de sa dot consistant en soixante mille mesures de bled, autant d'orge & de vin, dix galeres équipées pour deux ans, une table d'or de douze pieds de long sur environ quatre de large, deux trépieds d'or pour la soutenir, vingt quatre coupes d'argent & autant de plats de même métal, avec une grande tente de soie sous laquelle pouvoient manger deux cens convives.

Pendant que Tancrede, non moins embarrassé que surpris, différoit, négocioit, éludoit, le roi d'Angleterre s'empara, l'epée à la main, de deux châteaux situés sur le Phare. De l'un, il fit l'habitation de la reine Jeanne; de l'autre, un magasin.

Les Messinois, irrités de cette violence, chasserent tous les Anglois qui se trouverent dans leur ville. Philippe-Auguste, accompagné de beaucoup de François de la premiere distinction, se présenta pour accommoder le différend, ou pour éclaircir à l'amiable un mal-entendu si dangereux. Mais tandis qu'il pourparle avec les principales têtes des deux partis, un gros de Siciliens fait une sortie vigoureuse sur un quartier de l'armée Anglo-Normande.

mande. Alors l'impétueux Richard, devenu sourd à tout conseil de paix & de modération, charge avec furie ces Messinois agresseurs, & pénetre avec eux dans leur ville dont il se rend maître. Le roi de France, entré par une autre porte, veut tempérer l'impétuosité des vainqueurs & préserver la ville du pillage. Il expose sa propre vie, & tue de sa main trois Anglois qui l'attaquoient. Richard seconde sa généreuse intention, en empêchant ses soldats de piller & de massacrer. Mais il a l'imprudence d'arborer l'étendart d'Angleterre sur les remparts; ce qui sembloit braver presqu'autant le roi de France son suzerain, que le roi de Sicile son hôte.

Philippe indigné voulut d'abord faire arracher l'étendart. Richard lui fit dire qu'il étoit prêt à le faire ôter lui-même; mais qu'on ne lui feroit pas l'injure de l'enlever ou de l'abattre, sans répandre des flots de sang. Cette espece de soumission ou d'explication satisfit le roi de France, qui, malgré les calomnieuses imputations de plusieurs écrivains Anglois, & en dernier lieu de M. Smolett justement & fréquemment relevé dans les notes de M. Targe son traducteur, se fit presque toujours un devoir de sacrifier son ressentiment à l'intérêt de la Religion. Il continua dans cette terrible circonstance à se rendre médiateur entre l'Anglois & le Sicilien. Le fatal drapeau fut retiré, la garde de Messine confiée aux templiers & aux hospitaliers de Saint-Jean-de-Jérusalem, & Tancrede obligé de payer vingt mille onces d'or au roi d'Angleterre, & de promettre sa fille aînée en mariage au jeune Artur duc de Bretagne, que Richard son oncle avoit nommé son successeur s'il mouroit sans enfans légitimes.

Peu de jours après, il survint une aventure qui prouve combien l'orgueil indomptable de Richard perçoit dans les moindres choses, & jusques dans les plus grandes marques d'affabilité. Ce prince, étant à la promenade accompagné d'Anglois & de François, rencontre un homme qui conduisoit un âne chargé de bâtons. Le Monarque les distribue aux chevaliers Anglois & François qui l'entouroient, les exhortant à s'escrimer entr'eux à la façon des Mantes. Lui-même se mêle à cette espece de lutte, & s'attache à Guillaume Desbarres, gentilhomme François renommé par son courage, sa force & son adresse, qui l'avoit une fois repoussé vigoureusement devant Mantes. Desbarres lui déchira ses habillemens, & le renversa de son cheval. Mais le Monarque, au-lieu de rire de cette défaite comme d'une plaisanterie provoquée par lui-même, voulut d'abord chasser le vainqueur de sa présence, & eut beaucoup de peine ensuite à digérer ou dissimuler son ressentiment.

Cette petite aventure n'influant point sur les affaires générales, le calme le plus doux sembloit succéder au plus violent orage, lorsque l'artificieux & vindicatif Tancrede, également mécontent & de Richard qui venoit de lui faire la loi dans ses états, & de Philippe qui venoit de s'allier avec l'Empereur mari de sa sœur, & par-là même son compétiteur au trône de Sicile, entreprit de jeter la plus noire zizanie entre les deux Monarques, & de les détruire l'un par l'autre. Il supposa & montra des lettres par les-

1191.

quelles le roi de France lui proposoit de tomber la nuit à l'improviste sur les Anglois, & de s'assurer de la personne de leur Roi. Philippe protesta contre un tel attentat avec une vive & profonde indignation. Richard apperçut d'abord la noirceur de cette calomnie ; mais il feignit ensuite d'y ajouter foi, pour trouver un prétexte de ne point épouser Alix de France, & de conclure son mariage avec l'infante Bérangere, fille de Sanchez VI, roi de Navarre, dont il étoit devenu amoureux pendant son séjour en Guyenne. Philippe ne se payant point de ce prétexte, & s'étant parfaitement disculpé de l'odieuse calomnie de Tancrede, Richard finit par lui dire qu'un obstacle plus légitime & plus insurmontable l'empêcheroit d'épouser sa sœur ; &, selon Roger de Howeden, il lui produisit des témoins dignes de foi qui déposerent que cette princesse avoit eu un enfant de Henri II. Le monarque François prit alors le sage parti d'ensevelir dans un profond oubli cette affligeante & scandaleuse affaire, & de reconnoître Richard absolument libre de ses engagemens avec Alix, qui depuis épousa Guillaume II comte de Ponthieu. Il se fit à ce sujet un nouveau traité, dans lequel le roi de France consentit au mariage de celui d'Angleterre avec l'infante de Navarre, & lui céda Gisors, Neaufle, Neufchâtel-St.-Denis & toutes les dépendances du Vexin Normand, la ville de Cahors & tout le Querci, à l'exception des abbayes de Figeac & de Souillac. Le roi d'Angleterre s'engagea de son côté à payer à Philippe dix mille marcs en quatre termes, & à lui céder tout ce qu'il réclamoit en Auvergne avec les fiefs d'Issoudun & de Graßai. Ce traité dans lequel Richard reconnoissoit Philippe pour son seigneur, n'étoit qu'une confirmation & qu'une extension de celui dont nous avons parlé au ch. 83.

Philippe après avoir ainsi extirpé, du-moins à ce qu'il croyoit, toutes les racines de chicane & de mésintelligence, mit à la voile pour la Palestine. Le roi son collegue & son vassal le reconduisit quelques milles avec un nombreux cortége de galeres; puis revint à terre, où il passa quelque temps encore pour recevoir l'infante

Bérangere que lui amenoit sa mere Eléonore. Peu de jours après, & sans même attendre la cérémonie nuptiale, il fit démolir le fort qui lui servoit de magasin, puis s'embarqua pour la Terre-Sainte, se faisant suivre de sa sœur & de sa future épouse.

1191.

Après deux jours de navigation, sa flotte, composée de plus de deux cens vaisseaux ou galeres, fut dispersée par une tempête. Deux de ses vaisseaux échouerent sur les côtes de l'île de Chypre, avec perte de son chancelier Roger & de plusieurs écuyers & chevaliers qui se noyerent. Le reste de l'équipage mit pied à terre, pour demander quelque secours à Isaac Comneme (*a*), prince de cette île qui s'arrogeoit le titre d'empereur. Plus inhospitalier que les Mahométans contre lesquels il s'étoit croisé, ce nouveau Polymnestor fit emprisonner & dépouiller les malheureux naufragés, & refusa l'entrée du port au vaisseau qui portoit les deux Princesses. Richard,

---

(*a*) Il n'étoit Comneme que par les femmes, ainsi que l'abbé de Vertot l'a remarqué dans le premier volume de son histoire de Malthe.

après quelques jours de relâche à l'île de Candie, faisant voile pour celle de Rhodes, fut averti sur la route de la détresse du vaisseau de sa femme & de sa sœur, & de la conduite barbare du gouvernement Cypriote. Aussi-tôt il vient avec toute sa flotte attaquer l'île, y fait une descente, gagne deux batailles, s'empare successivement de toutes les forteresses, brise les fers des Normands & des Anglois captifs, confirme les loix & les priviléges des insulaires qui, fatigués de la tyrannie d'Isaac, le regardent comme un libérateur, leur donne pour gouverneurs Richard de Canville & Robert de Turnham, prend Isaac, & le charge de chaînes d'or & d'argent. Son triomphe fut couronné dans l'île par la célébration de ses noces avec Bérengere. Il ne tarda pas à remonter sur ses vaisseaux, emmenant avec lui sa nouvelle épouse, sa sœur reine douairiere de Sicile, & la fille du prince vaincu & prisonnier.

CHAPITRE LXXXV.

Arrivée de Richard devant Acre après avoir coulé à fond un gros vaisseau de Saladin. Prise de cette ville. Compétiteurs au trône de Jérusalem. Mésintelligence des rois de France & d'Angleterre. Départ de Philippe. Victoires de Richard. Troubles en Angleterre.

Après avoir mis ordre avec toute la célérité possible aux affaires de Chypre, Richard fit voile pour Saint-Jean d'Acre, autrefois Ptolémaïde. Cette ville avoit vu périr sous ses murs, en 1187, Roger du Moulin, vaillant gentilhomme François dont la famille subsiste encore, & qui a laissé une mémoire respectée dans l'ordre de Saint-Jean-de-Jérusalem, dont il étoit le neuvieme grand-maître. Lors du départ des rois de France & d'Angleterre, elle étoit assiégée depuis deux ans par les Chrétiens, qui n'avoient pu la prendre malgré quelques victoires sur Saladin, & malgré le renfort que Conrad duc de Franconie leur avoit amené de huit mille hommes, qui formoient le seul reste de cent-cinquante mille venus avec Frédéric Barberousse son pere. Cet empereur étoit mort après s'être baigné tout en sueur dans ce même fleuve du Cydnus, dont les eaux froides penserent jadis être aussi funestes au vainqueur de Darius.

Richard Cœur-de-Lion rencontra sur sa route un vaisseau d'une grandeur énorme que Saladin avoit fait équiper à Baruc, & qui portoit aux assiégés quinze cens hommes avec beaucoup de munitions de guerre & de bouche. L'intrépide roi d'Angleterre attaqua cette masse redoutable, parvint à la couler à fond, & sous les auspices de la victoire arriva devant la place. Les assiégeans, qui avoient déjà redoublé de vigueur à l'arrivée de Philippe-Auguste, furent comblés de celle de Richard. Leurs ennemis virent avec désespoir la jonction de tant de forces, & la perte du vaisseau sur lequel ils comptoient. Saladin leur avoit donné pour gouverneur Caracos, son propre maître dans l'art de la guerre. L'habileté de ce Musulman & le courage de sa nombreuse garnison alloient succomber sous les efforts réunis des rois de France, d'Angleterre & de Jérusalem, s'il n'étoit survenu tout-à-coup un de ces incidens qui dérangent toutes les combinaisons de la prévoyance humaine. Philippe, en qualité de frere d'armes, demandoit à Richard la moitié du royaume de Chypre. Richard au même titre & sans vouloir pour ce cas reconnoître de différence entre le vassal & le suzerain, réclamoit la moitié des trésors & des états du comte de Flandre mort pendant le siége sans laisser de postérité. Alors on vit dans le camp des Chrétiens une image de cette discorde qu'Homere nous peint dans le camp des Grecs à l'occasion des querelles d'Achille & d'Agamemnon. Du côté de Philippe se rangerent Conrad, prince de Tyr & marquis de Monferrat Hugues duc de Bourgogne; les Allemands, les Génois & les templiers; du côté de Richard, Henri comte de Champagne, Gui de Lusignan, les Pisans, les Flamands & les hospitaliers. Plus d'une fois les deux partis furent au moment d'en venir aux mains. Enfin des conciliateurs habiles & sages parvinrent, à force de démarches & de remontrances, à faire remettre, après la prise de la place, la discussion des droits des deux princes, & celle de la concurrence du seigneur de Lusignan & du marquis de Monferrat au titre de roi de Jérusalem. Cette ville étoit entre les mains de Saladin ; mais Gui & Conrad s'en disputoient la royauté titulaire, le premier comme veuf de Sybille, fille aînée du dernier roi, le second comme époux de la cadette encore vivante, nommée Isabelle ou Mélisente. Ces deux princesses ayant pour bisayeul Foulques d'Anjou, se trouvoient cousines issues-de-germaines de Richard Cœur-de-Lion.

Les rois de France & d'Angleterre, ayant ainsi pallié ou suspendu leurs querelles, réunirent plus vivement que jamais leurs efforts contre Ptolémaïde, qui fut bientôt forcée de succomber. Ce fut le 12 Juillet 1191 qu'elle se rendit, après avoir coûté cent mille hommes aux Chrétiens, entr'autres ce Raoul de Couci digne par sa valeur de la célébrité qu'il ne doit qu'à ses amours avec Gabrielle de Vergi.

La capitulation d'Acre portoit que la vraie croix, prise à la bataille de Tibériade, seroit rendue aux Chrétiens ; que Saladin rendroit aussi la liberté à tous les Chrétiens captifs dans ses états, & qu'il paieroit, en outre, deux cent mille besans d'or aux deux Rois. Sur le refus de Saladin de ratifier ces conditions, le roi d'Angleterre flétrit horriblement son triomphe par un trait qui attira de temps en temps de cruelles représailles. Il fit couper la tête à cinq ou six mille prisonniers, ne réservant que les chefs & les riches dont il tira une forte rançon. Philippe, à-la-fois plus calme, plus politique & plus humain, échangea ses prisonniers contre autant de chrétiens.

La prise d'Acre, au-lieu de réunir les deux Monarques pour la poursuite de leurs avantages communs, ne fit qu'enflammer davantage leur défiance & leurs jalousies mutuelles. Malgré la patience généreuse avec laquelle Philippe l'avoit attendu avant de presser les attaques dont il vouloit lui faire partager la gloire, Richard avoit l'air de s'attribuer tout l'honneur du triomphe ; & le roi de France ne pouvoit pardonner à son vassal cet excès d'ingratitude & de fierté. Richard qui n'avoit pu souffrir à Messine qu'un autre que lui déplaçât le drapeau qu'il y avoit mal-à-propos arboré, fit au duc d'Autriche l'affront d'arracher la banniere que ce prince avoit plantée sur une tour d'Acre, dont il s'étoit rendu maître à l'assaut. Le prince Almand, pour le bien de la paix, eut la sagesse de dissimuler un outrage qu'il n'eut pourtant pas la générosité de pardonner, comme nous le verrons dans le chapitre 87. Mais l'Anglois eut encore la folle hauteur de ne recevoir ni les conseils ni la médiation de Philippe.

C'est ici que nous allons continuer d'analyser les faits avec cette impartialité qui, plus que de prolixes & ennuyeuses discussions, fera la réfutation des erreurs où l'aveugle prévention pour les hommes & les choses de leur pays a précipité presque tous les Anglois, & en sens contraire quelques-uns des François qui se sont mêlés d'écrire cette histoire. Philippe prit en considération les suites funestes d'une rivalité presqu'implacable. Il reconnut à quel point sa seule suzeraineté faisoit ombrage à l'indomptable orgueil de son émule; il sentit même que son attachement au marquis de Montferrat, tandis que Richard soutenoit Guy de Lusignan, les empêcheroit de s'accorder sur le roi qu'ils donneroient aux chrétiens de la Palestine après la conquête de Jérusalem. Il vit que nombre de ses soldats lui étoient journellement débauchés par le roi d'Angleterre; que plusieurs de ses principaux officiers étoient morts du flux de sang; que son armée dépérissoit de jour en jour; que lui même avoit toutes les peines à se rétablir d'une maladie suspecte de poison, & qui lui avoit fait tomber les cheveux, les ongles & presque toute l'épiderme. Il prit donc le parti de revenir en France, laissant à Richard dix mille fantassins & cinq cens hommes d'armes, & lui jurant que s'il avoit à lui faire la guerre, ce ne seroit que quarante jours après que lui-même seroit rentré dans ses états.

L'Anglois, rassuré par ce serment & ce procédé, donna deux galeres à Philippe, qui passant par l'Italie, justifia facilement, auprès du Pape Celestin III son parent, les motifs de prudence qui avoient accéléré son retour de la croisade. Ceux qui rapportent que Philippe demanda au Saint-Pere la dispense de son serment envers Richard, n'alleguent aucune preuve de cette odieuse imputation.

Aussi-tôt que Richard demeura seul chef de l'entreprise de la Terre-Sainte, Conrad, marquis de Montferrat, temoigna son mécontentement de l'arrangement par lequel on étoit convenu qu'il partageroit également les revenus de la royauté avec Guy de Lusignan son rival & son beau-frere, mais que celui-ci seroit usufruitier du titre & des fonctions de roi, qui passeroient après sa mort à Conrad & à ses héritiers. Le marquis de Montferrat craignant que le roi d'Angleterre, ami de son compétiteur, ne le sacrifiât tôt ou tard, entretint des relations avec Saladin, & même évita de se joindre à l'armée chretienne, qui après avoir relevé les fortifications d'Acre, s'avançoit vers Joppé, cotoyant la mer pour être à portée des provisions qu'elle tiroit de la flotte. Saladin les attaqua près de Césarée, & fut mis en déroute avec perte de quarante mille hommes, par la valeur & l'habileté de Richard, qui lui-même l'avoit renversé de cheval pendant l'action. Cette victoire fut suivie d'une seconde dans les plaines de Rama & des conquêtes de Césarée, de Joppé & d'Ascalon, dont Saladin avoit ruiné les fortifications que Richard fit rétablir.

Mais pendant qu'il se couvroit de lauriers en Palestine, Guillaume Longchamp, cet homme obscur qu'il avoit eu l'imprudence de faire evêque d'Ely, régent & chancelier d'Angleterre mettoit tout en combustion dans le royaume par ses vexations & son insolence envers la noblesse & le peuple, & même envers les freres du Roi. La marche de ce parvenu, même au milieu des fonctions & visites épiscopales, ressembloit à une expédition militaire. Il traînoit quinze cens hommes de cavalerie, avec une suite si nombreuse de prêtres, de valets, de musiciens, de chasseurs, de chiens & de chevaux, que les plus riches monasteres où il logeoit, réparoient à peine en trois ans d'économie le ravage d'une seule nuit. Ces objets, trop étrangers au plan & au sujet de notre Essai pour être ici traités en détail, donnerent beaucoup d'embarras à Richard. Il suffit à un abréviateur de l'histoire de Normandie d'observer que ce prince sut d'aussi loin donner les ordres & prendre les mesures qui rétablirent enfin le calme & mirent à la raison le terrible Prelat, & qu'il employa utilement dans cette circonstance Gautier, archevêque de Rouen.

CHAPITRE LXXXVI.

CONTINUATION *des exploits de Richard en Palestine. Assassinat du marquis de Montferrat. Lusignan cede pour l'île de Chypre sa royauté titulaire de Jérusalem au comte de Champagne, neveu du roi d'Angleterre. Treve entre les Chrétiens & les Musulmans. Embarquement de Richard pour l'Europe. Mort de Saladin.*

RICHARD continua de se signaler en Palestine par des prodiges de valeur qui sembleroient tenir du roman, s'il n'en subsistoit une foule de temoignages trop respectables pour être rejetés. Il gagna une troisieme bataille rangée sous les murs d'Ascalon, & sortit vainqueur de nombre d'actions moins importantes, mais non moins périlleuses. Saladin lui tendit une embuscade dont il ne se seroit peut-être pas tiré sans la généreuse présence d'esprit de Guillaume des Porcellets chevalier Provençal, & de Guillaume do Préaux chevalier Normand. Ces deux guerriers

1192.

combattant à une certaine distance l'un de l'autre, crierent, chacun de son côté, qu'ils étoient le roi d'Angleterre, occuperent autour d'eux un gros d'infideles, & se laisserent emmener prisonniers pendant que Richard s'échappoit. Saladin, quoique très-piqué de la méprise, fit un noble accueil & donna beaucoup de louanges à ces braves gentilshommes, pour la rançon desquels Richard renvoya dix seigneurs Mahométans.

Sur ces entrefaites, Conrad, marquis de Montferrat & prince de Tyr, fut égorgé dans les rues de Sidon par deux émissaires du *Vieux de la Montagne*, despote d'une peuplade aux environs du Liban, connue par son dévouement aveugle & fanatique aux ordres du maître, & dont le nom d'*assassins* est devenu celui des meurtriers dans une partie des langues de l'Europe. Le vieux (*Senior*) ou seigneur de la Montagne ne s'étoit porté à ce meurtre que sur le refus obstiné de Conrad à lui faire justice de quelques Tyriens qui avoient tué plusieurs de ses sujets.

Certes Richard, quoique protecteur

ou partisan de Guy de Lusignan, étoit absolument innocent du meurtre de Conrad, qui, en rendant le dernier soupir, lui avoit recommandé sa veuve. Cependant, les bruits les plus odieux contre le roi d'Angleterre se répandirent dans l'armée chrétienne, au point que quelques-uns le soupçonnerent d'avoir instigué le Vieux de la Montagne. On alla jusqu'à faire craindre à Philippe-Auguste les trames secrettes d'un vassal & d'un rival, qui, lui disoit-on, tenoit à ses gages une école de meurtriers. Le roi de France établit à cette occasion sous la dénomination de *sergens d'armes* un corps de gentilshommes armés qui ne devoient pas quitter sa personne, & qu'on peut regarder comme la premiere garde de nos rois.

Richard méprisa les calomnies semées contre lui; mais il sentit le besoin que l'Angleterre avoit de sa présence, le danger que les alarmes ou le ressentiment du François faisoient courir à la Normandie, l'impossibilité d'écraser un adversaire tel que cet admirable Saladin ou Salaheddin vainqueur & bienfaiteur de la Syrie, de l'Arabie, de la Perse & de la Mésopotamie, lequel trouvoit, dans sa puissance & dans son génie, des ressources à ses derniers échecs en Palestine, tandis que les seules divisions des Croisés arrêtoient l'effet de leurs plus brillantes victoires.

Tant de motifs déterminerent Richard à terminer au-plutôt les affaires de la Terre-Sainte, pour revenir dans ses états. Mais afin d'engager Lusignan à lui céder ses prétentions au royaume de Jérusalem, il eut assez peu de délicatesse pour lui vendre le royaume de Chypre qu'il avoit déjà vendu aux templiers qui l'avoient payé. C'est ainsi qu'il crut punir cet ordre illustre de son attachement à Philippe-Auguste; conduite indigne dont il fut puni à son tour, parce qu'elle donna prise à la médisance & parut colorer la calomnie.

Par cet accord, Lusignan commença en Chypre une nouvelle monarchie qui a duré plus de trois cens ans (a).

___

(a) Lusignan, pour éviter toute querelle & pour assurer la validité de son marché, rendit aux templiers quelque chose des 25 ou

& Richard Cœur-de-Lion disposa de la royauté simplement titulaire de Jérusalem en faveur de son neveu Henri comte de Champagne, renommé par sa bravoure & son mérite, & lui fit épouser Isabelle sœur de Baudouin V, & par-là seule héritiere de cette couronne. Ensuite il conclut avec Saladin une treve de trois ans, trois mois, trois semaines, trois jours & trois heures; nombre mystérieux par lequel on croyoit peut-être faire honorer, même des Musulmans, le dogme ineffable de la Sainte-Trinité. Il fut stipulé dans la treve qu'Acre & Joppé ou Jaffa fortifiées resteroient aux Chrétiens ainsi que toute la côte jusqu'à Tyr; que les Musulmans garderoient le reste de la Palestine, excepté Ascalon démoli, qui seroit comme neutre ou commun entre les puissances

---

35 mille mares qu'ils avoient donnés à Richard. Nous pouvons remarquer aussi que ce prince fit les assises de sa nouvelle souveraineté de Chypre selon les coutumes de France, imitant sur ce point Godefroy de Bouillon lorsqu'il avoit fait les assises de Jérusalem. Chypre ne reprit le titre de Royaume que sous Amauri de Lusignan, frere & successeur de Guy.

des deux religions; que le pélerinage du St.-Sépulcre de Jérusalem seroit libre, & qu'on n'entreprendroit rien les uns contre les autres jusqu'à l'expiration du terme. L'abbé de Marigni, dans le quatrieme volume de son histoire des Arabes, rapporte, d'après Benschunah, écrivain de cette nation, que les principaux officiers ou chefs des deux armées, jurerent solemnellement d'observer le traité; mais que le roi d'Angleterre & le Sultan se contenterent mutuellement d'une simple promesse, en se présentant la main.

Richard & Saladin étoient malades lorsqu'ils conclurent cette treve; tous deux avoient un égal besoin de repos & pour leur cause & pour leur personne. A peine fut-elle signée, que Richard envoya pour lui au Saint-Sépulcre l'évêque de Salisbury, qui le rejoignit bientôt à Saint Jean d'Acre, où ils s'embarquerent avec grande impatience de respirer l'air natal & de revoir l'Angleterre. Le jeune & vaillant comte de Champagne resta chargé des affaires de l'Asie. Quant à Saladin, dont nos lecteurs peuvent consulter l'histoire écrite par M. Marin, il mourut à Damas au bout de quelques mois, âgé de cinquante-sept ans, & soutenant la magnanimité de son caractere franc, intrépide, religieux & bienfaisant.

Dans sa derniere maladie, au-lieu de l'étendart qu'on élevoit devant sa porte, il faisoit porter un drap mortuaire par un homme qui crioit : *Voilà tout ce que Saladin, vainqueur de l'Orient, emporte de ses conquêtes.* Regardant tous les hommes comme freres, il laissa par son testament des aumônes égales aux pauvres de ses états, sans distinction de Mahométans, de Juifs & de Chrétiens.

CHAPITRE

CHAPITRE LXXXVII.

Aventure & prison de Richard en Allemagne. Intrigues de Jean. Négociation de la reine-douairiere & de la régence d'Angleterre. Le roi de France redemande à main armée sa sœur & sa dot refusées par le sénéchal de Normandie. Treve avec ce prince. Délivrance de Richard.

RICHARD fit partir avant lui sur un autre bâtiment les deux Reines sa sœur & son épouse. La joie de ce prince, en retournant dans sa patrie, étoit empoisonnée par l'ambition remuante & inquiete de son frere Jean, qui sembloit abuser de son absence pour se rendre maître de l'Angleterre, & par les reproches des Chrétiens qui l'accusoient de s'être montré trop facile envers Saladin, le soupçonnoient de s'être laissé corrompre par l'or de ce prince, & lui faisoient un crime d'avoir voulu marier sa propre sœur au musulman Adel frere du Sultan.

Tant de soucis ne furent que les foibles avant-coureurs d'une cruelle infortune.

1192. Richard avoit pris la route de Dalmatie, & son vaisseau fit naufrage au fond du golfe Adriatique. Ayant mis pied à terre, non sans beaucoup de peine, il prit l'imprudente résolution de traverser l'Allemagne, pays où il n'étoit pas aimé à cause de l'insulte qu'il avoit faite au duc d'Autriche. Quoique déguisé tantôt en templier, tantôt en palefrenier, il fut reconnu dans une auberge se chauffant à la cuisine (on étoit en Décembre) & s'amusant à tourner la broche. En vain, lui dirent les satellites de Léopold, vous vous travestissez : votre bonne mine découvre assez le roi d'Angleterre. Comme il alloit tirer son épée, grand Roi, lui dit-on, ne craignez rien : loin d'en vouloir à votre vie, nous sommes chargés de la défendre contre des parens du marquis Conrad qui vous cherchent avec de mauvaises intentions. Venez, acceptez l'asyle & les honneurs que vous offre notre Prince, ami de votre personne & sincere admirateur de vos vertus. Trompé par cet insidieux langage, le vaillant Roi se laissa conduire sans résistance Mais les barbares, au-lieu de le mener dans un palais, le plongerent dans un cachot.

L'empereur Henri VI, prétendant au trône de Sicile à cause de son épouse Constance, & fâché de l'alliance contractée par Richard avec le bâtard Tancrede, eut l'indignité d'encourager l'infamie du duc d'Autriche en achetant son prisonnier, qu'il fit renfermer encore plus étroitement. Guillaume de Neubrige (lib. 4.) a raison de dire, *captus Rex nobilis à Duce nequissimo* ; mais il emploie une bien fausse expression ou comparaison, lorsqu'il avance que l'Empereur, à qui son avarice faisoit ainsi ravaler le rang suprême & violer le droit le plus sacré des gens, ne rougit pas d'être un autre Saladin. C'est assurément le grand Saladin qui auroit eu à rougir d'une telle comparaison, & Richard eût été bien plus heureux de tomber entre les mains de ce musulman, qu'entre celles de pareils chrétiens.

Le prince Jean, en apprenant la captivité de son frere, ne se montra

1193

pas plus généreux que ses détenteurs. Il passa la mer, & vint conférer avec Philippe-Auguste auquel il consentoit à livrer presque toutes les possessions continentales, s'il pouvoit se réserver & s'assurer le royaume d'Angleterre. Philippe, retenu par le serment qui l'empêchoit d'attaquer Richard avant son retour, se contenta d'envoyer chercher sa sœur Alix qui étoit demeurée à Rouen. Rapin-Thoyras avoue que le sénéchal de Normandie refusa de la laisser partir. Alors Philippe, se croyant dégagé par l'injustice du Normand, se mit en marche à la tête d'une armée pour reprendre la Princesse & sa dot.

Jean fut invité par le sénéchal & les barons de Normandie de se rendre à Angers pour concerter les mesures nécessaires à la rançon de Richard & à la défense de ses états. Il répondit qu'avant de prendre aucun engagement contre le roi de France, il desiroit leur serment de fidelité. Sur leur refus, il fit un traité avec Philippe, qui promit de lui donner le comté d'Artois récemment dévolu à la France par la mort du comte de Flandre.

Jean, de son côté, céda le Vexin Normand & une grande partie de la Touraine, rendit hommage pour le reste des possessions de son frere dans le continent, puis retourna en Angleterre où il espéroit fortifier son parti.

Cependant la reine douairiere d'Angleterre écrivit plusieurs lettres au Pape en se récriant contre l'outrage fait à son fils, & contre l'impiété de retenir en prison le plus illustre prince qui eût encore porté l'étendart du christianisme contre les Infideles. Elle al'oit jusqu'à reprocher au souverain pontife de ne pas lancer les foudres de l'église sur les coupables auteurs d'une si scandaleuse & si abominable persécution. Mais, faute de zele ou de pouvoir, les démarches de Célestin ne répondirent pas à l'impatience de Léonor; & la régence d'Angleterre, à peine délivrée des tracasseries de l'évêque d'Ely, & de nouveau fatiguée par les intrigues de Jean, ne put lui fournir de prompts secours.

Cependant Philippe, dont il n'est pas de notre sujet de rapporter les singuliers mariages avec les princesses de

Danemarck & de Méranie, Philippe pénétroit en Normandie & s'emparoit de Neufchâtel, Aumale, Eu, Neaufle, Gisors, Pacy-sur-Eure, Yvri & le Vaudreuil. Non content d'avoir déclaré la guerre à Richard absent & dans les fers, il traitoit avec l'Empereur, soit pour se le faire céder, soit pour prolonger sa captivité.

 Les Normands touchés du malheur de leur prince, résolurent alors de défendre le reste de ce qu'il possedoit chez eux, jusqu'à la derniere goutte de leur sang. Philippe s'étant présenté aux portes de Rouen, vit échouer son or, ses promesses, ses menaces, ses ruses & les attaques pour s'emparer de cette capitale. Robert, comte de Leicester, qui s'étoit couvert de gloire en Palestine, étant arrivé sur la fin du siége, fortifia tellement par sa présence l'ardeur & la fermeté des habitans, que les François furent repoussés dans tous leurs assauts, & leurs machines de guerre brûlées. Cet échec détermina Philippe à lever le siége & à convenir avec la régence d'Angleterre d'une treve de six mois, pour laquelle on s'engagea de lui payer cinquante mille marcs, dont vingt mille comptant. Il dut ces conditions avantageuses au mauvais état des affaires de son ennemi, & aux ressources qu'on lui connoissoit pour réparer les siennes.

Cependant l'âme altiere & fougueuse de Richard avoit à dévorer en Allemagne tous les affronts imaginables. Les uns soutiennent qu'à la diete de Worms & par-tout où on le força de se justifier de crimes pour la plupart imaginaires, il parut en héros que le malheur n'avoit point abattu. D'autres prétendent qu'il fit les bassesses d'un infortuné que la misere & la douleur ont dépouillé de son énergie. Mais l'homme veritablement bas & criminel étoit ce Henri VI, qui vaincu par les instances de la reine-douairiere Eléonore, & par les négociations que les principaux seigneurs continuerent pendant quatorze mois, ne lui rendit la liberté que moyennant l'hommage de ses états & l'obligation de payer cent-cinquante mille marcs d'argent. A la vérité, pour jeter un vernis sur ces infames procédés, il fit présent à Richard d'un beau diplôme, portant concession du royaume d'Arles

& de plusieurs pays sur lesquels il n'avoit aucun droit. Richard ne se prévalut pas de cette fausse générosité, pour laquelle il eût témoigné tout son mépris s'il avoit été libre. Tous les ordres & toutes les classes de l'état contribuerent à sa rançon ; les deux tiers furent acquittés sur le champ, & l'on donna soixante-sept otages pour le reste.

Peu s'en fallut que Richard mis en liberté ne fût replongé presqu'aussi-tôt dans les chaînes. Sur les offres pécuniaires de son frere Jean & de son rival Philippe, l'avare & perfide Henri VI envoya courir après lui. Richard qui s'attendoit à tout de la part d'un souverain si peu digne de régner, fit tant de diligence & s'embarqua si à propos à l'embouchure de l'Escaut, qu'il étoit déjà hors de la vue des côtes lorsque les émissaires impériaux arriverent à Anvers. Philippe apprenant son évasion écrivit au prince Jean : *prenez garde à vous ; le diable est déchaîné.* Ceux qui croyent apprendre l'histoire par nos romans & par les pieces de théatre où quelquefois elle est si étrangement défigurée, s'étonneront de ne pas trouver ici le ménestrier Blondel. Ils ne trouveroient pas non plus les amours de la dame de Randan, dans un récit fidele de la vie de Bayard. Cependant il seroit possible que la fable de Blondel eût pour base quelque tradition nullement invraisemblable, selon laquelle ce fidele serviteur de Richard auroit le premier découvert la prison de son maître, & le premier fourni les indications d'après lesquelles on auroit entamé les négociations.

CHAPITRE LXXXVIII.

ALÉGRESSE & réjouissances en Angleterre au retour de Richard. Grand-Conseil assemblé par le Roi. Son départ précipité de l'île pour faire la guerre en France. Atroce perfidie du prince Jean envers les François pour se raccommoder avec son frere. Guerre vive, mais balancée. Treve presqu'aussi-tôt rompue que signée. Mort & repentir du duc d'Autriche. Conférence infructueuse des rois de France & d'Angleterre pour se réunir contre les Maures d'Espagne. Retour & mariage d'Alix de France. Nouvelles hostilités. Générosité réciproque de Richard & de Philippe. Paix solemnelle.

CE fut au mois de Mars 1194 que Richard entra dans le port de Sandwic. Les Anglois revirent avec une extrême alégresse un monarque éprouvé par tant de malheurs, couvert de tant de gloire, & aux actions duquel leur nation devoit une célébrité portée jusqu'au fond de l'orient, où elle n'avoit pas encore pénétré. Ce prince fit son entrée à Londres au mois d'Avril; & pour donner à ses sujets une occasion nouvelle de rejouissances, il se fit couronner une seconde fois à Wincester, cérémonie qui sembloit effacer l'empreinte de ses chaînes. L'empressement universel à le féliciter & à le voir ne se ralentit même pas lorsqu'il déclara son dessein de revenir sur quelques onéreuses aliénations du domaine que la nécessité lui avoit arrachées avant son départ pour la croisade. Il tint aussi un grand conseil ou les évêques excommunierent le prince Jean, & les barons prononcerent la confiscation de ses terres & châteaux pour cause de félonie. Les forts de Marlboroug, Lancaster, Nottingham & Tikchill en Angleterre, & du Mont Saint-Michel en Normandie, furent bientôt réduits tant par Richard en personne que par ses généraux.

Etant à dîner à Westminster, il apprit que le roi de France déjà maître d'Evreux dont il avoit livré le château à son frere Jean, venoit de mettre le siège devant Verneuil. Aussi-tôt éclate sa vivacité naturelle, pour ne pas dire sa pétulance. Il jure de ne pas détourner sa face de la Normandie qu'il n'ait en tête Philippe pour le combattre ; il fait rompre la muraille pour sortir par un chemin plus court que celui de la porte ; il va s'embarquer à Portsmouth où l'attendoient cent navires munis d'hommes, d'armes & de chevaux, & cingle heureusement jusqu'à Barfleur.

Le prince Jean redoutant les suites de l'arrivée de son frere, ne voulut rien épargner pour se remettre dans ses bonnes graces. La scélératesse de son caractere le fit recourir à un expédient monstrueux. Il donna un festin à trois cens officiers ou gentilshommes François qui se trouverent à Evreux, & les fit égorger au sortir de table. Leurs têtes sanglantes furent attachées à des poteaux sur les murailles. Le traître se rendit ensuite auprès de la reine Eléonore qui fit son raccommodement avec son frere. Philippe, outré de la perfidie, part en secret du camp de Verneuil avec quelques troupes d'élite, arrive inopinément à Evreux, met le feu aux maisons, &

massacre impitoyablement Anglois & habitans. Triste & funeste effet des représailles ! Car il étoit possible qu'aucune de ces malheureuses victimes de la cruauté de Jean, n'en eût été complice. Philippe à son tour fut puni de son excessive vengeance. De retour au camp de Verneuil, il n'y trouva plus son armée. Son absence dont on ignoroit le motif, & l'approche de Richard avec des forces supérieures, avoient semé dans les troupes une terreur panique qui leur avoit fait abandonner machines, bagages, munitions, & qui précipita leur retraite jusqu'en France où le Roi fut obligé de les aller rejoindre avec son détachement.

Philippe ayant rallié son armée, poursuivit à son tour Richard en Normandie, en Touraine, en Berry, jusqu'en Guyenne. Les succès furent balancés ; mais les peuples n'en furent gueres moins foulés. Des deux côtés on pilloit, on brûloit, on dévastoit, on massacroit presque sans quartier. Richard remporta un avantage considérable au village de Bellefoge, entre Blois & Freteval. Ses troupes embus-

1194

quées pensèrent enlever Philippe, & lui prirent ses équipages, son argent, son sceau & les titres de la couronne que les rois étoient alors dans l'usage de faire porter avec eux.

1195. L'année suivante Philippe obligea Richard de lever le siege du Vaudreuil & de se renfermer à Rouen. Peu de temps après, les choses changerent de face ; Philippe fut contraint de fuir, & le pont de Gisors se rompit sous les pas de ce prince qui, sans perdre le courage ni l'arçon, tomba dans la riviere d'ou son cheval le tira vigoureusement à la nage.

Il est inutile de rapporter ici les articles d'une treve de quatre mois, presqu'aussi-tôt rompue que signée, parce que Richard eut l'imprudence d'entrer dans les vues extravagantes de l'empereur Henri VI, qui prétendoit forcer le roi de France à lui rendre hommage. Pendant ces hostilités, Léopold duc d'Autriche, étant tombé de cheval dans un tournois, se fit couper le pied à cause de la gangrene, sans que cette opération lui sauvât la vie. Luimême regarda cet accident comme une punition de son injustice envers le roi d'Angleterre. Pour se faire absoudre de l'excomunication que le Pape avoit fulminée contre lui, il ordonna la restitution des ôtages & de la rançon. Richard fut seulement déchargé de vingt mille marcs qui lui restoient à payer, perce que les ôtages considérant la longueur & le danger de la route, n'oserent se charger de lui rapporter les quatre mille marcs qu'il avoit déjà donnés. Il paroît que ce marché de vingt-quatre mille marcs avec le duc d'Autriche étoit indépendant de celui de cent-cinquante mille avec l'Empereur.

Les progrès des Sarrasins en Espagne engagerent les rois de France & d'Angleterre à tenir une nouvelle conférence. Mais leur animosité mutuelle les empêcha de s'accorder contre l'ennemi du nom chrétien. Ce ne fut qu'à cette époque que la princesse Alix fut remise, après dix-sept ans, au Roi son frere qui lui fit épouser le comte de Ponthieu.

Après de nouveaux combats entremêlés de succès & d'échecs, Richard prit enfin le sage & avantageux parti d'en venir à une paix sérieuse & durable. Il vit que ses alliances momentanées avec les comtes de Flandre, de Toulouse, de Boulogne, de Champagne, ne surmonteroient pas l'ascendant d'un rival qui, non moins brave que lui dans les combats, l'emportoit en habileté dans la conduite & les négociations. Alors même Philippe venoit de reprendre Issoudun sur Marcader, chef des Routiers ou Brabançons à la solde de Richard. Celui-ci, prêt à livrer bataille, se détache tout-à-coup de son armée, vient sans armes se jeter aux pieds du roi de France, qu'il appelle son seigneur, lui fait hommage, & lui demande son amitié.

1196.
Cet élan de confiance & de générosité fut payé d'un retour qui dut servir de réfutation mutuelle aux deux Monarques des imputations respectives auxquelles ils s'étoient laissés jadis entraîner. Philippe embrassa tendrement son vassal, & lui témoigna le plus grand désir d'une réconciliation sincere. Les peuples en avoient le plus grand besoin, d'autant que les récoltes avoient manqué dans la Normandie comme presque par toute la

France, & que des inondations qui faisoient craindre un nouveau déluge, étoient venues ajouter aux calamités générales.

Les deux Monarques s'étant retirés à l'écart pour conférer plus librement, un gros serpent sortit du pied d'un arbre, & se redressa comme pour s'élancer contr'eux. Tous deux aussitôt mirent l'épée à la main. Leurs armées crurent qu'ils avoient une querelle sérieuse, & s'avancerent. Les Rois, vainqueurs du monstrueux animal, firent un signe de paix qui empêcha le combat. Ils continuerent leur entretien, & le même jour ils arrêterent des conditions qui furent signées le mois suivant à Louviers.

Par cette paix, des deux côtés si nécessaire & si desirée, Philippe rendoit ou cédoit au roi d'Angleterre, Issoudun, la Châtre, Grassay, Château-Meillan, Souillac, les comtés d'Eu, d'Aumale & d'Arques. Mais il gardoit le Vexin Normand, Gisors, Neaufle, Vernon, Gaillon, Pacy, Yvri, Nonancourt & l'Auvergne. Une ligne, tirée de l'Eure à la Seine, marqua les limites de la France & de la Normandie, de maniere que tout le côté du Vaudreuil appartiendroit à Richard, & le côté de Gaillon à Philippe. On convint aussi qu'aucun d'eux ne feroit valoir de prétention de fief ou de domaine sur Andeli, qui resteroit démantelé. A l'égard du comté de Toulouse, qui avoit toujours fait grande partie des sujets de contestation, il fut réglé que Richard Cœur-de-Lion se contenteroit de l'Agénois & du Querci qu'il venoit de conquérir, & qu'il laisseroit le reste au comte Richard VI.

CHAPITRE LXXXIX.

Dernieres guerres de Richard avec Philippe-Auguste. Troubles en Angleterre. Anecdote de Guillaume Longue-Barbe. Brouilleries avec l'archevêque de Rouen. Prise de l'évêque de Beauvais & de la duchesse douairiere de Bretagne. Treve de cinq ans avec la France, & paix avec la Bretagne.

Ce traité solemnel qui devoit laisser respirer les peuples, & par lequel nous avons terminé le chapitre précédent, pour respirer nous-mêmes & donner quelque repos au lecteur; cette paix si cordialement proposée, si politiquement combinée, si authentiquement proclamée, ne dura que quatre à six mois. Encore dans ce court espace Richard ne goûta-t-il aucun instant de tranquillité, son royaume ayant été agité de nombre de troubles & de dissensions qu'il lui fallut appaiser; troubles parmi lesquels le fanatisme religieux se mêla quelquefois aux intrigues de la politique & de l'ambition. Un nommé Guillaume Longue-Barbe, entr'autres, ameuta le peuple & le porta aux plus grandes violences, sous prétexte d'établir une égalité parfaite & chrétienne. Hubert, archevêque de Cantorbéry, fit arrêter & pendre avec neuf de ses principaux complices, ce scélérat, aux reliques & à la mémoire duquel la populace rendit d'abord presqu'autant d'honneurs qu'à celles de Thomas Becket. Ce même archevêque Hubert se distingua belliqueusement contre les Gallois, tentés d'abuser de l'absence & des embarras du roi d'Angleterre.

Richard, si bien servi par l'archevêque de Cantorbéry, n'en eut pas moins une querelle très vive avec l'archevêque de Rouen. Il crut qu'il importoit à la sûreté de la Normandie de fortifier Andely devenu frontiere de cette province. Non content de relever les murs de cette place, il fit construire une forteresse au Château-Gaillard pour la soutenir. Le sol de ces deux endroits appartenoit à l'archevêché de Rouen. Gautier de Coitances, dit le Magnifique, assis alors sur le siége de cette métropole, apprit l'usurpation faite sur son terrain pendant son séjour à Cambray, où il venoit de former entre le chapitre de cette ville & celui de Rouen, une liaison de fraternité qui subsiste encore. Il envoya prier le roi-duc de suspendre ses travaux. Richard, sans les interrompre, offrit un dédommagement au Prélat. Celui-ci répondit en lançant l'excommunication sur son prince, & l'interdit sur tout le duché. Richard en appelle au Pape, qui, reconnoissant de cette déférence au Saint-Siége & de tout ce que le Monarque avoit fait en Asie pour la religion, enjoignit à Gautier de retirer les censures de l'église, & le rendit facile à l'échange qui se fit promptement d'Andely & de Château-Gaillard contre Dieppe, Bouteille, Louviers & la forêt d'Aliermont.

1196.

Philippe ne put voir avec indifférence les nouvelles fortifications d'Andely si expressément contraires au dernier traité. Mais son indignation fut au comble en apprenant que Richard avoit fait appeler en sa cour Guillaume, seigneur de Vierzon en Berry; & que par vengeance du recours de ce seigneur au roi de France à qui appartenoit la connoissance de ce différend (*a*), il avoit dévasté ses terres, & surpris, pillé & brûlé ou démoli la ville & le château de Vierzon, à peine rétablis d'un semblable malheur éprouvé cent trente années auparavant.

Des entreprises si remplies de violences & d'injustices, attirerent une nouvelle déclaration de guerre de la part de la France. Philippe s'empara, par force, de Dangu & d'Aumale, Richard, par trahison, de Nonancourt. Mais Philippe lui donna bataille & le vainquit devant cette ville, qu'il reprit aussi-tôt.

Richard, dans cette crise pressante, à force de négociations & d'astuces, souleve contre son rival plusieurs grands vassaux de la couronne, entr'autres le comte de Flandre qui, avant de conclure sa paix particuliere, mit en

---

(*a*) M. Pallet, au t. 5. de la nouvelle histoire du Berry, a cité quelques vers de Guillaume-le-Breton, qui dit avec trop de fondement du roi d'Angleterre :

Ordine perverso judex effectus & actor.

danger, la vie & la liberté de Philippe. Selon plusieurs historiens, ce fut aussi dans cette guerre que Philippe, échappé d'une embuscade, courut sur le pont de Gisors les dangers que nous avons attribués à la guerre précédente. Mais un événement remarquable, qu'aucun chronologiste ne conteste à celle que nous rapportons, fut la prise de Philippe de Dreux évêque de Beauvais, cousin-germain du roi de France, & que Richard jeta dans une prison rigoureuse en punition de ce qu'il avoit négocié de la part de la France pour le retenir dans les fers de l'empereur d'Allemagne. Le Pape ayant réclamé l'évêque de Beauvais comme son fils, Richard lui envoya la cotte d'armes du Prélat, en lui écrivant ces paroles de la Genèse sur l'histoire de Joseph : *Reconnoissez-vous la robe de votre fils ?* Observons néanmoins que malgré cette application de l'Ecriture, Richard n'avoit point trouvé mauvais en d'autres temps que d'autres prélats, surtout en Angleterre, eussent porté les armes pour son service. L'évêque de Beauvais ne fut échangé qu'au bout de deux ans contre celui de Cambrai, payant encore deux mille marcs, moins par forme de rançon que pour sa dépense.

1197. Pendant la guerre que se faisoient les rois de France & d'Angleterre, la Bretagne fut aussi remplie de troubles. Richard irrité de ce que les Bretons avoient proclamé, sans le consulter, le jeune Artur, entre dans le duché avec le second mari de la duchesse mere, ce Raoul comte de Chestre qu'il vouloit réconcilier avec les barons de Bretagne. Le roi d'Angleterre ne venant à bout ni de réinstaler son sujet, ni de dominer dans le conseil de son neveu, pria sa belle-sœur Constance de venir le trouver en Normandie pour y régler toutes les contestations à l'amiable. Constance, après de longues & pressantes invitations, se mit en route; mais elle fut enlevée dans les environs de Pontorson par son mari lui-même, qui la fit renfermer au château de Saint-James

1197. de Beuvron. Artur & ses Bretons demanderent à Philippe-Auguste vengeance d'un tel affront. Richard irrité fit mettre une partie de la province

à

à feu & à sang par les Brabançons qu'il avoit à sa solde. On sent à quel point cet incident envenima la querelle des deux monarques rivaux. La haine des deux côtés alla souvent jusqu'à faire crever les yeux aux prisonniers; & le fer & la flamme, qui n'épargnerent aucun des cantons où se commirent les hostilités, ravagerent principalement la malheureuse Normandie. Enfin, en 1198, Pierre de Capoue, cardinal de Sainte-Marie & légat du Pape, engagea les deux Rois à conclure une treve de cinq ans. En même temps le duc de Bretagne fit la paix avec son oncle, & procura la liberté de sa mere.

CHAPITRE LXXXX.

Nouveaux nuages & nouvelles propositions entre les deux Rois. Expéditions de Richard en Poitou, puis en Limosin où il reçoit une blessure mortelle. Circonstances de sa mort, de ses obseques & de son caractere.

Deux événemens fâcheux penserent détruire à sa naissance l'effet salutaire de la derniere treve entre les rois de France & d'Angleterre. Le premier concerna les Brabançons licenciés par Richard qui, retournant dans leur pays sous la conduite de Marcader, furent chargés dans leur marche par des seigneurs François irrités de leurs anciens ravages, & perdirent quelques hommes. Le second fut l'imprudence avec laquelle Philippe se hâta d'élever une forteresse entre Boutavant & Gaillon, faisant couper en même temps du bois d'une forêt qui appartenoit à Richard.

Celui-ci, peu disposé à souffrir de telles entreprises, revint précipitamment de Guyenne en Normandie, & envoya demander satisfaction par son chancelier Eustache, successeur de Guillaume Longchamp à l'évêché d'Ely. Le roi de France désavoua hautement la conduite tenue envers les Brabançons, fit cesser la coupe de bois, & promit de démolir la nouvelle forteresse. Pendant ces pourparlers, on se témoigna respectivement le desir d'une paix stable, qui réglât définitivement toutes les dissensions ou prétentions de part & d'autre. On parut convenir des conditions suivantes. 1°. Toutes les places conquises sur Richard lui seroient rendues, à l'exception de Gisors pour laquelle Philippe lui céderoit le droit de nommer à l'archevêché de Tours. 2°. Le prince Louis fils de Philippe, épouseroit Blanche de Castille niece de Richard, qui donneroit vingt mille marcs pour sa dot. 3°. Le roi de France s'engageroit à soutenir Othon neveu du roi d'Angleterre, contre Philippe de Suabe son compétiteur à l'Empire.

La signature de cette paix fut reculée par les méfiances que Philippe insinua d'abord à Richard sur son

1199.

frere Jean, & par celles que Jean, rentré dans les bonnes graces de Richard, lui fit prendre à son tour contre le roi de France. Heureusement que les hostilités resterent suspendues de part & d'autre.

Le roi d'Angleterre, avant de conclure le traité définitif & de faire le mariage de sa niece avec l'héritier présomptif de la couronne de France, voulut aller en Poitou châtier quelques vassaux qui avoient pris parti contre lui. Occupé de cette expédition, on vient l'informer qu'un particulier de Limosin avoit déterré dans son champ les statues d'un empereur, de sa femme & de ses enfans, assis à table & de grandeur naturelle, le tout d'or massif. Richard réclama ce riche trésor comme souverain du pays. Mais le particulier le remit à Vidomar, Aymar ou Guyomar VI, vicomte de Limoges, son seigneur direct, qui ne voulut pas s'en dessaisir. Richard, avec une armée dans laquelle on comptoit plus de Brabançons que d'Anglois & de Normands, alla mettre le siége devant le château de Chalus en Limosin, où il croyoit qu'on avoit caché ces précieuses statues. La vivacité de ses attaques engagea les assiégés, au bout de quelques jours, à lui proposer de rendre la place, pourvu qu'ils eussent la vie sauve. Mais, au courage du lion, Richard en joignoit trop souvent la férocité. Il répondit inhumainement qu'il les feroit tous pendre. Alors la garnison désespérée résolut de s'ensevelir sous les ruines.

Richard, accompagné de Marcader ou Marcadée, chef des Brabançons, s'étant approché du château, fut atteint à l'épaule d'une fleche lancée par un archer nommé Bertrand de Gourdon. Son ardeur n'en devint que plus bouillante. Il donna l'assaut, emporta la place, fit pendre effectivement la garnison, & réserva Gourdon pour un supplice plus cruel.

Cependant, soit maladresse du chirurgien qui avoit retiré la fleche, soit, comme d'autres l'assurent, imprudence ou vivacités du Roi pendant le traitement, la plaie s'envenima, la gangrene s'y mit, & le malade s'apperçut qu'il touchoit au terme de la vie. Il oublia ses anciennes promesses à son neveu Artur; & ne se souvenant que des mécontentemens que lui-même s'étoit attirés en Bretagne, il fit un testament par lequel il léguoit au prince Jean son royaume & tous ses autres états avec les trois quarts de son trésor. Il partageoit l'autre quart entre ses domestiques & les pauvres, & léguoit ses joyaux à l'empereur Othon son neveu.

Sa situation ne laissant plus d'espérance, l'archevêque de Rouen vint lui administrer les secours spirituels, & le disposer à une mort plus chrétienne que sa vie. Le Monarque, sentant l'approche du dernier moment, se fit amener l'archer qui l'avoit blessé. « Malheureux, lui dit-il, que t'avois-
» je fait pour te porter à m'arracher
» la vie ? Ce que vous m'avez fait,
» répondit l'intrépide archer, je vais
» le dire sans être retenu par la crainte
» des tourmens affreux que vous me
» préparez. Vous avez tué mon pere
» & mes deux freres de vos propres
» mains ; vous m'avez menacé de la
» potence, ainsi que mes braves & in-
» fortunés compagnons. Quels égards
» devois-je au prince qui fut à ce
» point le fléau de ma famille & de

» ma patrie »? Richard sent alors la générosité rentrer dans son cœur disposé par les derniers hommages qu'il venoit de rendre à une religion de sagesse & de clémence. « Mon » ami, s'écria-t-il, je te pardonne. » Vous, ajouta-t-il à ses officiers, » faites ôter les chaînes de ce prison- » nier; qu'il soit libre, & qu'on lui » donne cent sols Anglois pour se re- » tirer où il voudra ». Ces paroles furent presque les dernieres qu'il proféra. Le 6 Avril 1199, il expira dans la quarante-deuxieme année de son âge & la dixieme de son regne. Mais à peine avoit-il fermé les yeux, que le barbare Marcadée fit écorcher vif ce malheureux Gourdon. La note de M. Targe, pour pallier l'injustice & l'horreur de cette cruauté, est peut-être la seule où il nous paroisse avoir tort contre M. Smolett. Ses raisonnemens nous paroissent ici plus mal appliqués que ne l'étoit l'érudition du chancelier de France Bellievre, lorsque, pour engager la reine d'Angleterre Elizabeth à respecter sa propre gloire & la vie de Marie Stuart, il lui rappelloit le pardon accordé par Alexandre aux Thébains, & la clémence de Totila, roi des Goths, envers un sujet qui l'avoit trahi.

Richard ne laissa point d'enfans légitimes; mais son bâtard Philippe, auquel il avoit donné le château de Cognac en Guyenne, vengea sa mort au bout de quelque temps en tuant lui-même le vicomte de Limoges.

Richard, tour-à-tour & souvent à-la-fois l'admiration, l'idole & le fléau de ses peuples & de ses voisins, fut le plus brave, le plus impatient, le plus exacteur, le plus fier, le plus remuant des rois ses contemporains. Son histoire nous a montré combien de travers & de malheurs tinrent à des qualités si fortes & si mélangées. La pénétration de son esprit n'imposoit pas moins que sa haute & vigoureuse stature. Selon quelques auteurs, il avoit institué le premier, au siége d'Acre, l'Ordre de la Jarretiere, renouvelé long-temps après par Edouard III. Sa cervelle & ses entrailles furent enterrées, suivant ses ordres, dans l'abbaye de Saint-Sauveur de Charroux en Poitou. Son cœur, qu'on trouva d'une grosseur étonnante, fut porté jusqu'à la métropole de Rouen dans un coffret d'argent, vendu depuis pour la rançon de S. Louis; & son corps fut inhumé près de celui de son pere dans l'église de Fontevrault. C'est à Fontevrault qu'on mit sur sa tombe une épitaphe où son caractere nous paroît rendu avec précision & fidélité.

Hic ferus, hic humilis, hic agnus, hic leopardus.

Fautes à corriger jusqu'à cette page.

P. 15. à la marge 1093, *lisez* 1094.
P. 48. l. av.-dern. 63. *lisez* 64.
P. 53. vis-à-vis la ligne 5 en remontant, datez en marge, 1108.
P. 62. l. 2. datez en marge, 1120.
P. 68. l. 3. en remontant, datez en marge, 1123.
P. 72. l. 15. datez en marge, 1129.
P. 79. l. 14. étoit le jour, *lisez* étoit celui.
P. 93. l. dern. cette, *lisez* à cette.
P. 146. l. 20. d'erreurs, *lisez* de crimes.
P. 178. l. 23. mettez une *virgule* entre Montferrat & Hugues.

JEAN,
Roi d'Angleterre,
et quinzième Duc de Normandie.

CHAPITRE LXXXXI.

Installation de Jean-sans-Terre au duché de Normandie. Réclamation & parti du duc de Bretagne. Hostilités. Intervention de la France. Voyage & couronnement de Jean en Angleterre. Son retour & sa conférence infructueuse avec Philippe. Paix de Gaillon. Mariage de Blanche de Castille avec Louis de France. Mort de Marcader.

Jean-sans-Terre fut ainsi nommé, parce que du vivant du Roi son pere, il étoit encore mineur & n'avoit aucun appanage. On a vu combien les présens de son frere l'enrichirent. Le testament de Richard fut d'abord aussi suspect que l'avoit jadis été celui d'Édouard-le-Confesseur. Mais nous les croyons tous les deux réels. Celui qui donnoit la souveraine puissance au comte de Mortain fut appuyé, favorisé par la reine Éléonore, qui n'auroit pas souffert que le crédit de Constance de Bretagne eût éclipsé le sien. Le prince légataire eut avec Henri I, dernier fils de Guillaume-le-Conquérant, le quadruple rapport d'être le cadet de plusieurs freres, de vivre long-temps sans fortune, de devenir riche, & de finir par régner.

En vain le gouvernement féodal avoit commencé, dès ce temps, à établir le droit de primogéniture & de représentation, ce droit non moins convenable aux peuples qu'aux dynasties. Jean, loin d'écouter aucune des propositions faites en faveur de son neveu Artur âgé de treize ans, s'empara promptement des trésors & des titres ou qualifications du feu Roi.

Les Anglois virent sans répugnance la couronne posée sur la tête d'un prince né, élevé, habitué chez eux. D'ailleurs la conduite de Constance de Bretagne leur avoit inspiré peu d'estime pour cette princesse & peu d'attachement pour son fils. Elle avoit été hautement soupçonnée d'un commerce de galanterie avec Jean lui-même son beau-frere ; ce qui avoit porté Ranulfe de Chestre à demander de son côté, comme elle faisoit du sien, le divorce après l'obtention duquel elle avoit pris Guy de Thouars pour troisieme mari.

1199.

Pendant que le grand-trésorier Robert de Turneham livroit à Jean Chinon, Saumur & d'autres places, Thomas de Furnes, neveu de cet officier, loin d'imiter son oncle, appeloit & recevoit Artur dans Angers, & facilitoit aux peuples d'Anjou, de Touraine & du Maine, les moyens de soutenir les droits du prince Breton. Jean furieux accourt avec sa mere Eléonore devant le Mans, qu'il emporte d'assaut. Dans sa colere imprudente, il démantele cette ville, qui pouvoit lui servir de barriere. En même temps il fait assiéger & prendre la ville & le château d'Angers par ses Routiers ou Brabançons, ayant toujours à leur tête le vaillant & féroce Marcader. Après ces exploits, Jean va recevoir à Rouen la couronne ducale de Normandie, des mains de l'archevêque Gautier.

Le roi de France ne put rester inactif & neutre dans cette querelle de ses plus puissans vassaux. Il s'avance avec une armée jusqu'au Mans, entre dans cette place, y reçoit la visite de la duchesse douairière de Bretagne & de son jeune fils, qui lui jurent fidélité & implorent sa protection. Delà il se rend à Tours, où la reine Eléonore, cherchant à l'intéresser pour son fils, vient lui renouveler l'hommage de la Guyenne.

Jean, sûr de la prudence & du zele de sa mere pour les affaires du continent, se rendit en Angleterre pour achever de lever les obstacles déjà fort applanis par les soins de Hubert, archevêque de Cantorbéry, de Guillaume Marescal ou Maréchal, comte de Strigul & ensuite de Pembrocke, & par Geoffroy Fitz-Peter, grand-justicier, depuis comte d'Essex, qui tous trois lui étoient dévoués. A son arrivée, ceux des prélats & des barons qui faisoient encore quelque résistance, sinon pour appeler Artur, du-moins pour obtenir de Jean des conditions & déclarations favorables aux divers ordres de l'état, céderent à ses promesses & se soumirent entierement. Des envoyés du roi d'Ecosse, chargés de quelques réclamations importantes, se payerent aussi de belles paroles ; en sorte que le couronnement de Jean se fit à Westminster avec pompe & sans trouble par le primat Hubert, dans une assemblée générale de la noblesse & du clergé.

Cette grande cérémonie fut suivie de plusieurs grâces & nominations importantes. Guillaume d'Estouteville, entr'autres, eut le gouvernement des comtés de Northumberland & de Cumberland, qu'on le jugea très-propre à garantir de toute entreprise de la part des Ecossois.

Immédiatement après avoir ainsi mis ordre aux affaires d'Angleterre, Jean repassa dans ses possessions continentales pour conduire lui-même la guerre contre le roi de France & contre les provinces qui s'étoient déclarées en faveur du duc de Bretagne. Baudouin comte de Flandre, vint le trouver à Rouen, & renouveler avec lui l'alliance qu'il avoit faite avec Richard. Philippe essaya d'arrêter à leur naissance les progrès d'une guerre dont tout le Royaume alloit se ressentir. Mais il n'eut qu'une conférence infructueuse à Gisors avec un rival & vassal dont il ne reçut aucune déférence, & auquel il ne fit point d'accueil. Bientôt il s'empara du Vendômois, de Conches en Basse Normandie, de Balon dans le Maine, & fut repoussé devant Lavardin. Les troupes de Jean remportèrent un autre avantage où elles firent prisonnier Pierre Corbeil, évêque de Cambrai, qui fut échangé avec l'évêque de Beauvais, ainsi que nous l'avons dit par anticipation au chapitre 89. Cet échange se fit à la sollicitation du cardinal de Capoue, légat de Rome, qui, pour montrer à-la-fois & la puissance de l'église & son impartialité, avoit mis également en interdit le royaume de France & le duché de Normandie, jusqu'à la délivrance des deux prélats. Mais ce qui servit mieux le roi d'Angleterre que tout le reste, ce fut d'un côté l'ombrage que Geoffroy des Roches général du duc de Bretagne,

& Constance sa mere, prirent des succès & des vues de Philippe ; de l'autre, l'embarras où se trouvoit le monarque François envers la cour de Rome, &, vu les opinions du temps, envers toute la Catholicité, par son divorce avec la princesse de Danemark & son mariage avec la princesse de Méranie.

Sur ces entrefaites, Artur, échappé de la cour de Philippe dont il craignoit que la protection ne devînt exigeante ou trop intéressée, alla proposer à Jean l'hommage du duché de Bretagne, réputé fief de Normandie & arriere-fief de France. Le roi de France se dédommagea de cette défection en détachant le comte de Flandre & plusieurs grands seigneurs des intérêts du roi d'Angleterre. Cette réunion de succès balancés, de crises réciproques & de considérations puissantes, détermina les deux monarques à de nouvelles conférences. Elles se tinrent entre Andely & Gaillon. Le cardinal Pierre de Capone y fit encore les fonctions de médiateur, & l'on y convint des conditions suivantes.

1°. Hommage d'Artur à Jean, du

consentement de Philippe, & parfaite réconciliation de l'oncle avec le neveu.

2°. Cession d'Evreux & du Vexin Normand à la France, & fixation des limites des deux états entre Evreux & Neufbourg.

3°. Démolition des forteresses Normandes & Françoises entre Andely & Gamaches.

4°. Mariage de Louis, fils aîné de Philippe, avec Blanche de Castille, niece du roi d'Angleterre, qui la dotoit des villes d'Issoudun, Grassay & Châteauroux en Berry, avec la double clause que si Blanche mouroit sans enfans, ces places retourneroient à Jean où à ses héritiers après la mort de Louis, & que si Jean mouroit sans postérité, les fiefs de Hugues de Gournay, & le comté d'Aumale seroient dévolus à Louis ou à ses représentans.

5°. Hommage du roi d'Angleterre à celui de France pour les états que les prédécesseurs du premier avoient possédés dans le continent, à l'exception des démembremens que nous venons de rapporter.

6°. Paiement d'une somme de vingt

mille marcs fait en forme d'indemnité par le Roi-Duc à son suzerain.

7°. Promesse de Jean de n'assister ni d'hommes ni d'argent son neveu Othon de Saxe contre Philippe de Suabe, sans le consentement de Philippe.

Les comtes de Flandre, de Boulogne & d'Angoulême, furent rétablis dans tous leurs biens par ce traité, dont neuf barons du côté de chaque roi se rendirent garants. Les deux puissances se conduisoient alors dans leur intérieur, se gouvernoient à-peu-près comme fait encore aujourd'hui le corps Germanique ; & quand on voyoit des vassaux armés contre leur souverain qu'ils avoient cautionné, ce n'étoit pas toujours la preuve d'une révolte, mais souvent l'effet de la constitution générale, ainsi que de l'obligation particuliere à laquelle ce souverain lui-même avoit consenti s'il manquoit à ses engagemens.

Cette paix fut signée à Gaillon le 22 Mai 1200, & le lendemain fut célébré le mariage de Louis de France avec Blanche de Castille. Cette princesse avoit été amenée par Eléonore de Guyenne, que son grand âge avoit forcée de rester à Fontevrault, où elle la confia, pour le reste du voyage, à Elie, archevêque de Bourges, qui l'accompagna jusqu'en Normandie. Peu de jours avant cette séparation, Marcader, ce fameux chef de routiers, étant venu saluer à Bourges la reine douairière d'Angleterre & la princesse de Castille sa petite-fille à leur arrivée d'Espagne, eut une querelle avec un gentilhomme de leur suite qui le tua. C'est ainsi que fut vengée la mort de l'infortuné Gourdon.

CHAPITRE LXXXXII.

Actes de despotisme & de souveraineté de Jean-sans-Terre. Son subterfuge envers l'empereur Othon. Douaire de la veuve de Richard Cœur-de-Lion. Répudiation d'Avoise de Glocester. Enlèvement d'Isabelle d'Angoulême. Ressentiment du comte de la Marche. Jean fait couronner sa nouvelle épouse en Angleterre, y leve des taxes, & revient en Normandie. Mort de la duchesse-douairiere de Bretagne.

1200.

Dans le court intervalle qui s'étoit écoulé entre les préliminaires & la ratification du traité de paix des deux rois, Jean s'étoit rendu en Angleterre, où, sans l'avis des états, il avoit levé trois schellings par hyde de terre, pour servir au paiement de la somme promise à Philippe-Auguste. Après cet acte de despotisme, il revint en Normandie; & dès-qu'on eut la signature & la confirmation de la paix, il se transporta en Guyenne, où il reçut l'hommage d'Aimery, vicomte de Thouars, qu'Eléonore avoit engagé dans son parti, & qui étoit frere du troisieme mari de Constance de Bretagne. Il y reçut aussi les sermens de fidélité des comtes de Toulouse, d'Angoulême, de la Marche, du Limosin & des barons du pays. Cependant Othon son neveu réclamoit le duché de Guyenne & le comté d'York, en vertu d'une concession du dernier Roi. Cet empereur, indigné de se voir abandonné par son oncle dans la derniere paix avec la France, envoya le duc de Saxe son frere, pour prendre possession de ces deux provinces, & réclamer les biens que lui avoit légués Richard. Jean répondit que son serment envers le roi de France l'empêchoit d'aider Othon d'argent, de joyaux, de terres ni d'hommes; subterfuge que lui suggéra sa mauvaise foi : car Philippe, en l'empêchant de porter des secours à son neveu, n'avoit nullement entendu s'opposer à des restitutions légitimes.

Bérengere de Navarre, veuve de Richard Cœur-de-Lion, demeuroit alors en Normandie, & tenoit en douaire Falaise, Domfront & Bonneville-sur-Touques. Jean, qui desiroit éloigner cette belle-sœur, lui fit accepter en échange quelques places au pays du Maine, & l'usufruit de la sénéchaussée de ce comté. Cette reine promit aussi de ne pas refuser l'hommage de Loches & de n'en point prétendre la souveraineté, mais de s'en tenir au simple revenu de ce domaine qui faisoit partie de son douaire.

Les rois de France & d'Angleterre se rendoient am calement de fréquentes visites, & rien ne sembloit devoir troubler leur mutuelle intelligence, lorsqu'une passion subite & violente s'empara du caractere fougueux du dernier, & le porta rapidement à des excès qui eurent les plus terribles suites. Ce prince, s'étant dégoûté d'Avoise de Glocester, avoit fait annuller ce premier mariage, pour cause de parenté au troisieme degré, par un jugement de l'archevêque de Bourges assisté des Evêques de Saintes & de Poitiers. En même temps il avoit envoyé l'évêque de Lisieux & trois seigneurs Anglois en ambassade pour demander la fille de Sanche I, roi de Portugal, qui, depuis douze ans, avoit conquis & joint à ses états le petit royaume des Algarves.

Avant le retour de cette ambassade, le roi d'Angleterre eut occasion de voir Isabelle d'Angoulême fiancée à Hugues de Lusignan, surnommé le Brun, comte de la Marche, frere du roi de Chypre, du comte de Jaffa, & beau-frere du comte d'Eu. Eperdument amoureux de cette princesse, il ne sut respecter aucune des considérations les plus propres à le contenir. Vaincu par ses sollicitations & ses promesses, Aimar comte d'Angoulême, enleva lui-même sa fille d'un château du comte de la Marche, & cette Princesse fut conduite à Angoulême, où son mariage avec le roi d'Angleterre se fit avec beaucoup de pompe & de magnificence. L'historien de la *Rivalité de la France & de l'Angleterre* (T. 2.) a détruit de fond en comble la conjecture calomnieuse de ceux qui ont fait à Philippe-Auguste l'injure de croire qu'il avoit inspiré ce mariage au roi Jean, pour le plonger dans le malheur par le crime,

1200.

& pour profiter en suzerain avide & adroit, des embarras qu'alloit s'attirer ce vassal. Cet odieux machiavélisme n'étoit point dans le caractere de Philippe; &, comme dit fort bien M. Gaillard, Jean, pour être injuste, ne consultoit que lui-même. Le roi de Portugal, irrité de l'espece d'affront que Jean faisoit à sa fille, eut beaucoup de peine à garder le droit des gens envers les ambassadeurs. Le Pape ne fut pas moins mécontent d'une union formée à la suite d'un divorce dont on ne lui avoit pas demandé la confirmation; & les comtes de la Marche & d'Eu, résolus de se venger d'un procédé qu'ils regardoient comme une sanglante offense, exciterent des fermentations dans la Normandie & le Poitou.

L'Anglois inquiet se rendit à Angers où il se fit donner cent-cinquante ôtages, & passa ensuite en Angleterre avec la nouvelle reine. Elle reçut la couronne à Westminster des mains du primat Hubert. Dans ce même temps, la France & les îles Britanniques, ainsi que l'Italie, l'Allemagne & l'Esclavonie, permirent
une

une taxe du quarantieme des revenus ecclésiastiques & des principaux fiefs, pour subvenir aux frais d'une nouvelle croisade contre les Sarrasins.

Jean parcourut une partie de l'Angleterre avec sa jeune épouse, & reçut en chemin l'hommage de Guillaume le Lion roi d'Ecosse. Instruit bientôt des mouvemens causés dans ses provinces continentales par les partisans du comte de la Marche, il enjoignit aux barons Anglois de passer la mer avec lui, pour l'aider à punir ceux qu'il traitoit de rebelles. Ces barons lui répondirent qu'ils ne pouvoient s'engager dans une guerre étrangere à la Nation & personnelle au Souverain, s'il ne leur promettoit le rétablissement & la conservation de leurs priviléges. Jean, pour cette premiere fois, parvint à les désunir, à persuader à plusieurs de le suivre, & à tirer des autres une taxe de deux marcs sur chaque fief de chevalier. Il commit le chancelier Hubert de Burgh à la garde des frontieres du pays de Galles, & prit les autres mesures qu'il crut nécessaires à la sûreté de son royaume pendant son absence. Après ces arrangemens, le

1201.

Roi & la Reine s'embarquerent à Portſ-
mouth. Ils arriverent en Normandie
ſans autre accident qu'une traverſée
pénible. Dans le même temps, ſelon
Guillaume de Nangis, Conſtance de
Bretagne mourut à Nantes de la lepre.

CHAPITRE LXXXXIII.

BONNE intelligence des deux monarques, suivie de représentations du roi de France mal reçues du roi d'Angleterre. Mauvaise foi de Jean. Succès de Philippe. Réflexion sur la circonstance où la Bretagne & la Normandie penserent former un seul & même état. Artur, devenu gendre du roi de France son protecteur & son suzerain, est successivement vaincu, pris & poignardé par le roi d'Angleterre son oncle.

JEAN-SANS-TERRE, à son arrivée en Normandie, eut avec Philippe-Auguste une entrevue si amicale qu'elle fut bientôt suivie d'une visite qu'il rendit au roi de France dans sa capitale. Les Parisiens s'empresserent de le fêter à l'exemple de leur souverain.

Cependant Geoffroi de Lusignan, Aimar de Limoges, Guillaume & Savari de Mauléon, alliés par le sang

& les traités aux comtes d'Eu & de la Marche, employoient les armes & les négociations contre le roi d'Angleterre. Leurs plaintes parvinrent au roi de France en même temps que la nouvelle de la prise de Drincourt ou Driencourt, aujourd'hui Dancourt, sur le comte d'Eu, par Warin ou Guérin de Glapion, sénéchal de Normandie & général de Jean.

Alors Philippe ne put s'empêcher de faire quelques représentations au monarque, dont il ne cessoit point d'être le suzerain même en devenant son ami. Jean les prit en très-mauvaise part, & répondit que ses barons plaignans ou révoltés trouveroient des juges dans ses états. Cependant, pour endormir Philippe, il promit de lui livrer les châteaux de Boutavant & de Tillieres, comme gages de ses vœux sinceres pour une pacification raisonnable. Dans le même temps, pour mettre dans ses intérêts la veuve de Richard Cœur-de-Lion, qui réclamoit des augmentations ou complémens de douaire, il lui céda l'usufruit du comté de Bayeux & de deux châteaux en Anjou, avec une pension de mille marcs, payables par moitié à l'échiquier de Londres, & à la recette des domaines de Caen.

Cependant le roi de France vint se présenter devant Tillieres & Boutavant ; mais les gouverneurs refuserent de lui ouvrir les portes. Alors, s'appercevant qu'il étoit joué par le roi d'Angleterre, il s'empara par force de ces places, ainsi que de Longchamp, Mortemer, la Ferté, Lyons & Gournai. Toutes ces conquêtes ne lui coûterent que trois semaines. Il y joignit celle de Radepont, qui résista huit jours, & l'auroit arrêté plus long-temps, si les murs n'avoient été renversés par les eaux d'un grand étang dont la digue se rompit. L'ouverture des éclufes d'un lac avoit produit le même effet à Gournai.

Ce fut au siége de Gournai que Philippe fut rejoint par le duc de Bretagne, que ses parens, ses amis, ses sujets, ses voisins sollicitoient de ne pas manquer une telle occasion de faire valoir ses droits. Le Roi fiança le jeune Artur avec Marie de France sa fille âgée de cinq ans, l'arma chevalier, l'investit du Poitou, de l'Anjou,

L iij

du Maine, de la Touraine, & reçut son hommage-lige pour ces comtés & pour le duché de Bretagne. A l'égard de la Normandie, l'on convint que Philippe y garderoit les conquêtes faites & à faire. Cela fait conjecturer avec assez de fondement à l'abbé des Fontaines que Philippe avoit envie de garder cette province, & que c'est par ce motif qu'il recevoit l'hommage immédiat pour la Bretagne.

Cependant si le roi d'Angleterre avoit voulu détourner, par quelques sacrifices, l'orage prêt à fondre sur lui, vraisemblablement il eût recouvré tous les grands fiefs qu'on lui arrachoit, à la seule exception du Poitou qui seroit retourné à la France, & de la Normandie qui devoit appartenir au jeune Artur, & dans laquelle Philippe n'auroit conservé que le Vexin. Alors la Bretagne & la Normandie, si long-temps divisées, plus encore par les guerres & les rivalités que par le gouvernement & la position, n'auroient plus formé qu'une seule puissance. Le souverain auroit résidé tantôt à Rouen, tantôt à Rennes, & les sujets se seroient d'autant mieux accordés, que leur baronnage, leurs états, leurs biens, leurs coutumes avoient des rapports fortifiés par les émigrations & les alliances de plusieurs familles d'une province à l'autre. Un tel état, quel'e qu'en eût été la dénomination géographique ou politique, Neustrie, Bretagne, Armorique ou Normandie, Comté, principauté, Duché, Royaume, auroit peut-être conservé son indépendance jusqu'à nos jours, mieux que le Portugal n'a conservé la sienne auprès de l'Espagne, & l'Ecosse auprès de l'Angleterre. Cette remarque, nullement faite pour réveiller d'anciennes querelles & jalousies, n'a d'autre but que de rappeler à ceux des lecteurs qui l'auroient oublié, que les plus grandes affaires de ce monde tiennent à un fil. Dans l'ordre des choses qu'il a plu à la Providence d'amener, le Normand & le Breton ne doivent avoir aujourd'hui d'autre émulation qu'à qui sera le meilleur François.

Outre la main de la jeune princesse de France & les investitures dont nous avons parlé, Artur reçut de Philippe-Auguste un renfort de deux cens

1202.

seigneurs qui l'accompagnoient. Quelques-uns furent relâchés assez facilement, entr'autres Hugues & Geoffroy de Lusignan, dont l'Anglois retint seulement les châteaux, n'osant attenter sur leurs personnes ; mais vingt-deux, moins considérables ou moins puissans, furent enfermés dans le château de Corf, où le barbare vainqueur les laissa périr de faim, & les autres furent dispersés dans les prisons d'Angleterre & de Normandie.

Jean, poursuivant ses avantages & tenant la campagne avec des troupes nombreuses, s'empara de Tours, & manqua Poitiers. Philippe, de son côté, reprit Tours, & vint échouer devant Arques. Sur ces entrefaites, Artur fut conduit à Falaise, où son oncle lui fit de grandes promesses s'il vouloit renoncer à toute espece de liaisons avec la France. Artur opposant la fermeté Bretonne à la séduction des caresses & aux conseils de l'infortune, répondit au Roi : « Comment ne rougissez vous pas de me faire ces offres indignes ? Usurpateur de ma couronne, vous ajoutez l'insulte à l'injustice ! Je vous somme, hommes d'armes avec une grosse somme d'argent. Fier de cet avantage, il eut l'imprudence de tenter la conquête du Poitou sans attendre les troupes de Bretagne, de Bourgogne & de Berry prêtes à marcher pour le joindre. Apprenant que son aïeule Eléonore de Guyenne s'étoit réfugiée dans Mirebeau, il y alla mettre le siége; &, l'ardeur suppléant au petit nombre, il s'en rendit maître d'assaut. La reine-douairiere n'eut que le temps de se sauver dans une tour, d'où elle fit savoir sa position critique au roi Jean. Celui-ci, réveillé de sa paresse léthargique, vole à son secours avec ses Normands & ses Brabançons; il entoure la foible armée de son neveu avant même qu'il fût informé de son approche. Les uns disent que, profitant de sa supériorité, il le battit à platte-couture en bataille rangée, puis le fit prisonnier. Les autres soutiennent que ce fut par trahison qu'il entra dans la place, tua plusieurs compagnons d'Artur, & finit par le prendre. Quoi qu'il en soit des détails de l'événement, toujours est-il certain qu'Artur fut pris avec les principaux

» au nom du Ciel, de me rendre
» tous les états qui me reviennent
» de la succession de mon oncle Ri-
» chard ; sinon, je vous jure que de
» mon vivant vous ne goûterez jamais
» de repos ».

Cette réponse, plus fiere que mesurée, mais faite pour honorer le vainqueur qui l'auroit entendue patiemment de la bouche du vaincu, mit Jean dans une telle fureur, qu'il voulut d'abord faire tuer son neveu par ses gardes. Ceux-ci refuserent de se prêter à cet affreux ministere, & Guillaume de Bray leur capitaine, aima mieux perdre sa place que de s'en charger. Hubert de Burgh, gouverneur du château, accepta la commission pour ne la point exécuter, & se conduisit envers le duc Artur comme le fit depuis Bavalan envers le connétable de Clisson.

L'implacable Jean étoit homme à tremper lui-même ses mains dans le sang du jeune prince, s'il n'eût considéré que la reine sa mere, à laquelle il avoit les plus grandes obligations, lui reprocheroit éternellement le meurtre de son petit-fils. Cette considération le détermina promptement à envoyer le jeune prince à Rouen, où il le fit enfermer dans une tour. Eléonore lui adoucit quelque temps les rigueurs de la captivité. Mais cette princesse, très-avancée en âge, étant venue à mourir, il essuya de nouveau les traitemens les plus rudes. Son oncle y joignit les plus terribles menaces s'il ne faisoit une renonciation entiere, non-seulement au royaume d'Angleterre, mais à toutes les possessions continentales de Richard Cœur-de-Lion. Cette lâche & cruelle maniere de négocier avec un neveu captif & dépouillé, ne fit qu'irriter son courage & son inflexibilité. Le courroux du tyran se ralluma dans le même temps au point qu'il poignarda de sa main le malheureux prince, & fit jeter son corps dans la Seine, en répandant le bruit que voulant se sauver de la tour, il étoit tombé d'une fenêtre qui donnoit sur la riviere. M. de Chantereine, auteur d'une histoire encore manuscrite de Cherbourg, croit que ce fut en cette ville que se commit l'assassinat d'Arthur par son oncle. Mais l'incertitude du lieu n'ôte rien de la certitude du crime.

CHAPITRE LXXXXIV.

Soulevement de toute la France contre le crime & la personne de Jean, devenu méprisable & odieux à ses sujets. Avénement de Guy de Thouars au duché de Bretagne. Jugement des pairs de France. Tournois de Moret. Succès du roi de France. Fuite du roi d'Angleterre.

L'ATTENTAT commis sur la personne d'Artur excita l'indignation générale contre le roi d'Angleterre, & acheva de lui aliéner tous les cœurs. Les états de Bretagne, assemblés à Vannes, députerent vers Philippe-Auguste, Pierre de Dinan, évêque de Rennes, & Richard Marescal ou le Maréchal gentilhomme, pour lui demander vengeance de ce parricide. Il n'y eut point alors de député du Tiers Etat, parce que cet ordre ne siégea pour la premiere fois que plus d'un siecle après, en 1309, à l'imitation de ce que Philippe-le-Bel venoit de faire en France pour les Etats-Généraux.

Guy de Thouars fut proclamé du ou régent comme veuf de la souveraine douairiere, & comme pére & tuteur d'Alix. Cette princesse étoit héritiere présomptive parce qu'Eléonore, née du premier lit de Constance, & sœur consanguine d'Artur, vivoit renfermée à Bristol sous la garde de quatre chevaliers. Jean-sans Terre ne laissa jamais sortir cette aînée, dont les droits lui paroissoient les plus réels & par conséquent les plus redoutables, les plus contraires à ses prétentions. Il étoit loin de prévoir que le résultat de ses iniquités seroit de mettre en moins de dix ans le duché de Bretagne entre les mains d'une branche de la maison de France par le mariage de Pierre de Dreux avec Alix de Thouars. Les loix féodales, dit l'abbé Velly, furent signalées ici par un exemple mémorable de justice. Philippe Auguste, comme suzerain du prince mort & du prince accusé, fit citer le dernier par des sergens d'armes à comparoître devant la cour des pairs. *Y aura-t-il sûreté pour le retour*, fit demander l'Anglois? *Oui*, répondit le roi de France, *si le jugement le permet.*

Philippe ne voulant rien promettre que l'exécution de l'arrêt, & Jean ne comparoissant ni en personne ni par procureur, les pairs déclarerent celui-ci atteint & convaincu du meurtre de son neveu, le condamnerent à mort, selon Matthieu Paris, & déclarerent acquises & confisquées au profit de son suzerain ses possessions situées dans le Royaume.

1203. On donnoit alors un tournois à Moret en Gâtinois, où s'étoit rendue une foule de noblesse. Philippe, empressé de recueillir le fruit du crime de son vassal, y accourut lui-même, & demanda le secours de ces braves gentilshommes. Ils se dévouerent à punir le patricide qui étoit la honte du trône & de la chevalerie, & marcherent sur-le-champ sous la conduite du roi de France pour faire le siége d'Alençon. Jean fut si troublé de leur approche inattendue, qu'il prit la fuite, abandonnant tentes, machines & bagages.

La place ne fit pas grande résistance ; & beaucoup de Normands coururent d'eux-mêmes au-devant de la domination Françoise, indignés de la conduite & du caractere de leur souverain, qui n'étoit qu'un usurpateur, & qui faisoit à la chevalerie Angloise & Normande l'injure de leur préférer souvent deux chefs d'aventuriers Brabançons pour le commandement des troupes & des places. Philippe, vivement secondé des pairs de la couronne, & sur-tout du duc ou régent de la Bretagne, réduisit en moins d'un an par intelligence, par ruse ou par force, la plus grande partie du Maine, de l'Anjou, de la Touraine & du Poitou, avec les villes de Séez, Evreux, Bayeux, Domfront, Lizieux, Falaise, Avranches, le Mont-Saint-Michel, Coutances, Conches, Nonancourt, Andely, Radepont, le Pont-de-l'Arche & Monfort en Normandie. Jean avoit fait démanteler ces deux dernieres, dans la crainte de ne pouvoir les défendre.

Ce prince se tenoit tantôt à Rouen, tantôt à Caën dans un engourdissement stupide, ou dans les amusemens insensés qu'il vouloit procurer à sa jeune épouse, comme si ses états eussent joui d'une paix profonde. *Laissez faire*, disoit-il ; *j'en reprendrai* plus en un jour que les François n'en pourroient conquérir en un an. Plusieurs barons Anglois, ne pouvant plus supporter ces excès d'indolence, de sottise & de fanfaronade, se retirerent dans leur île. Leur lâche maître ayant encore laissé prendre la ville de Caen, & s'appercevant enfin du danger qu'il couroit pour sa propre personne dans une province où il ne conservoit plus que la capitale & les seules forteresses d'Arques, de Verneuil & de Château-Gaillard, aima mieux les suivre que de tenter le sort d'une bataille avec les braves troupes qui lui restoient.

CHAPITRE LXXXXV.

INTERPOSITION du Pape mendiée par Jean, rejetée par Philippe. Siege & prise de Château-Gaillard. Députation des Rouennois à Londres. Leur retour, & reddition de la capitale & du reste de la Normandie. Exploits qui méritèrent à Philippe II le surnom d'Auguste.

TANDIS que Jean négligeoit les ressources qui étoient en son pouvoir pour se défendre, il avoit la bassesse de mendier les secours étrangers. A sa sollicitation, le pape Innocent III, toujours empressé d'exercer des prétentions de supériorité, voulut interposer son autorité entre les deux Rois. Philippe assemble à Mantes les prélats & les barons, qui tous prononcent qu'il n'appartenoit point au Saint-Pere de se mêler des différends temporels des princes, & qu'on n'avoit point d'ordre à recevoir de sa part. Cette décision fut la base de la réponse du Roi aux ministres du Saint-Siége, &

fut suivie de l'attaque de Château-Gaillard, la plus forte place que Jean eût conservée sur les frontieres de Normandie. Le comte de Pembroke, fit de vaillantes & infructueuses tentatives pour la secourir. L'intrépide garnison, commandée par Roger de Lacy, se défendit avec un courage héroïque pendant six mois. Jean, prié d'envoyer de nouveaux secours ou de tenter de nouveaux efforts, répondit aux assiégés qu'il ne pouvoit les dégager, & qu'ils fissent du mieux qu'ils pourroient.

1204. Après avoir épuisé leurs munitions, & souffert les rigueurs du siége le plus vif & de la famine la plus horrible (a), ils soutinrent encore un assaut qui fut le dernier. Philippe emporta la place; &, respectant mieux la valeur chez ses ennemis qu'Alexandre ne fit à Gaza,

---

(a) Les malheureux qu'on avoit fait sortir de la place comme *bouches inutiles*, dévorerent l'enfant d'une femme qui étoit accouchée parmi eux. Philippe, saisi d'horreur & de compassion, les reçut dans son camp & leur fit donner des vivres. Mais, exténués d'une diete & d'une faim trop longues, la plupart moururent après avoir mangé.

il accueillit honorablement Lacy, & traita humainement la garnison réduite à moins de deux cens hommes.

Le vainqueur menaça bientôt Arques & Verneuil, & mit le siége devant la capitale de la province, devant Rouen, défendu par une double muraille, par trois fossés larges & profonds, dont un rempli d'eau, & surtout par des habitans à qui leur valeur donnoit la réputation d'invincibles. Les trois places étoient dépourvues de munitions de bouche ; mais se voyant seuls restes du magnifique duché de Normandie, elles avoient résolu de ne se rendre qu'à la derniere extrémité. Aussi ne voulurent-elles entendre parler de capitulation qu'après que Philippe eut emporté, non sans beaucoup de peine & de perte, les ouvrages extérieurs de la Capitale. Alors elles promirent de se rendre au bout de trente jours, si, pendant cet intervalle, elles n'étoient pas secourues.

Les députés de Rouen trouverent le roi d'Angleterre occupé d'une partie d'échecs. fâché qu'on eût osé l'interrompre, à peine daigna-t-il les regarder, remettant à les écouter après la partie. Ce trait rappelle le mot du tyran Archias à Thebes: ce mot qui coûta si cher à son auteur: *A demain les affaires sérieuses.*

Jean perdit sa partie; & comme il étoit aussi mauvais joueur que mauvais prince, *pourquoi m'avoir troublé*, dit-il aux députés? *Je n'ai point de secours à vous donner; faites comme vous pourrez.*

Les Rouennois, malgré leur estime pour Philippe & leur mépris pour Jean, avoient toujours craint que leur pays ne redevînt simple province d'une grande monarchie, qui tôt ou tard absorberoit ou confondroit leur puissance, leur gloire & leurs priviléges. Si le duc Artur eût encore vécu, sans doute ils auroient préféré l'union avec la Bretagne à la réunion avec la France. Animés de ces sentimens bien naturels, & d'un point d'honneur si légitime pour leur patrie, ils avoient refusé d'entendre les premieres propositions de Philippe, avoient fait à ses premieres approches des sorties vigoureuses, étoient tombés en désespérés sur ses troupes, en avoient taillé quelques-unes en pieces sans donner de quartier. Mais à la fin cette ardeur s'étoit ralentie par les assauts qui leur avoient enlevé plusieurs ouvrages, par les fatigues du siége, par les commencemens de la famine, par l'indolence de leur propre souverain, par les offres & la générosité de l'assaillant, par les discours de plusieurs concitoyens de race Neustrienne qui faisoient valoir l'exemple des places nouvellement soumises, & que la réputation du nom Normand n'empêchoit point de regretter ou du-moins de ne pas redouter la domination immédiate de la France, sous laquelle avoient vécu leurs ancêtres.

Au retour des députés & à l'expiration des trente jours, la capitale de Normandie & les villes d'Arques & de Verneuil ouvrirent leurs portes aux François, qui, pénétrés des principes de leur monarque & de leurs chefs, y entrerent moins en ennemis qu'en compatriotes. Leur succès parut beaucoup moins funeste au Duché, que les pluies & les inondations qui ravagerent cette année le pays d'Auge & les environs de Caen.

Ainsi la Normandie, attachée depuis environ trois siècles à la foiblesse de Charles-le-Simple par le vaillant Rollon, fut reprise par le magnanime Philippe II sur le vicieux Jean-sans-Terre. Le roi de France, croyant, comme Lucain le dit de César, n'avoir rien fait s'il restoit quelque chose à faire, acheva dès-lors de réduire, tant de gré que de force, ce qui restoit à son rival dans les provinces d'Anjou, du Poitou, du Maine & de la Touraine, déjà presqu'entierement soumises, ainsi que nous l'avons dit. Hubert de Burgh, avant de capituler pour Chinon, acquit à la défense de cette place autant d'honneur que la défense de Château-Gaillard en avoit avoit fait à Roger de Laci. Philippe II ne laissa plus aux Anglois dans le continent que la Guyenne. Il fut redevable à ces glorieux succès du surnom d'Auguste, que nous lui avons donné par anticipation. Heureux si la splendeur de son regne, qui reçut un nouvel éclat aux plaines de Bouvines, n'eût jamais souffert de ses divorces ou répudiations, de ses entreprises quelquefois outrées sur les grands feudataires, & sur-tout de ses persécutions, tantôt contre les Albigeois, tantôt contre les Juifs!

CHAPITRE LXXXXVI.

Esquisse des matieres que l'auteur se propose de traiter depuis l'époque de la réunion jusqu'à nos jours.

Nous avons atteint l'époque où la Normandie, après avoir eu quatorze souverains particuliers, dont six rois d'Angleterre, retourna enfin à ses anciens maîtres. Quoique cette province cesse désormais de jouer un rôle à part, & d'être une puissance détachée, ses annales nous présenteront désormais encore d'autres faits importans que ceux qu'on peut en apprendre dans une histoire générale du royaume. Mais c'est une tâche que nous remettons à des temps où nous jouirons du repos nécessaire pour l'offrir au public avec toute l'exactitude & l'intérêt qu'elle mérite. Dans l'intervalle qui va s'écouler entre l'impression de cette premiere partie & celle de la suivante, nous espérons recevoir les avis & les critiques propres à rectifier notre marche & nos écrits. Plus nous avons mis d'attention, de recherches, de patience & de scrupules à démêler la pure vérité, plus nous avons senti combien facilement elle a pu nous échapper lors même que nous nous flattions le plus de la tenir. C'est avec une bonne foi dégagée de toute espece de prévention & de présomption, que nous avouons à nos lecteurs l'espérance où nous sommes qu'ils s'appercevront avantageusement de nos soins à cet égard.

Nous dirons dans notre seconde & derniere partie, jusqu'où la tyrannie violente & puérile de Jean II le rendit l'horreur de ses sujets, la victime de ses voisins, le jouet de la cour de Rome. Cependant il n'entrera pas dans notre plan d'exposer avec de grands détails comment Jean sans-Terre fut amené, par ses écarts mêmes, à donner la grande charte & la charte des forêts, deux actes qui, renchérissant sur ceux des deux Henris, furent, comme tant d'auteurs l'ont remarqué, le fondement de la liberté de l'Angleterre, & la source de ses guerres civiles. Nous parlerons de la conquête de l'empire de Constantinople par les Latins,

tins, ainsi que des atroces croisades contre les infortunés Albigeois. Nous montrerons comment les Anglois alloient eux-mêmes réduire leur indigne Jean-sans-Terre à la signification de son triste sobriquet, & transporter sa couronne sur la tête de Louis (depuis devenu Louis VIII dit le Lion) fils de Philippe-Auguste, lorsque le tyran mourut, comme à point nommé, pour persuader sa nation qu'elle seroit plus heureuse de se laisser gouverner par son fils Henri III que de s'exposer à devenir province d'une monarchie rivale & voisine. Assurément les rois de France seroient bien plus autorisés à se qualifier rois d'Angleterre, que ne le sont les rois d'Angleterre à s'intituler rois de France. Mais plutôt que de renouveler d'anciennes animosités, les uns & les autres ne doivent s'attacher désormais qu'à bien gouverner leurs états suivant leur constitution respective.

Ce gouvernement féodal dont on a dit avec raison tant de bien & tant de mal, & qu'il ne faut considérer ni comme le chef d'œuvre ni comme le délire de l'esprit humain, nous fournira quelques anecdotes piquantes, telles que cette querelle consignée dans Nagerel & Laroque, à l'occasion d'un moulin pour lequel le sire de Harcourt & le chambellan de Tancarville en vinrent aux gros mots & aux voies de fait ; querelle semblable à beaucoup d'autres dont on pourroit rapporter des traits analogues en des temps bien plus voisins du nôtre, mais qui n'intéressent que par l'importance des personnages ou par la peinture générale des mœurs.

Nous dirons comment la Normandie, après avoir été près d'un siecle & demi sans ducs titulaires, eut successivement Jean & Charles V avant qu'ils fussent rois ; comment après un nouvel intervalle d'un demi-siecle, Henri V d'Angleterre, gendre de notre insensé Charles VI & de la dénaturée Isabelle, que Jean de Serres appelle Jézabel, prit le titre de duc de Normandie comme il prenoit celui de roi de France. Nous ferons voir aussi comment le même titre de Normandie appartenoit encore à Charles duc de Berry, frere du roi Louis XI mort en 1471, & comment, après un oubli de 314 ans, notre auguste Monarque l'a fait revivre pour son second fils en 1785.

Nous ne passerons pas sous silence le dévouement généreux avec lequel les états de Normandie proposerent à Philippe de Valois en 1338 de faire à leurs dépens une puissante diversion dans le royaume de l'agresseur Edouard III, royaume deux fois conquis par leurs ancêtres (*a*). Ce trait ne fera pas moins d'honneur à la province que cette multitude de faits d'armes où ses héroïques rejetons se sont signalés, sur-tout dans la guerre à la fin de laquelle Charles VII mérita le surnom de victorieux. Les Anglois eurent le honteux bonheur

---

(*a*) Entre les invasions d'Edouard III & d'Henri V d'Angleterre, nous n'aurions garde d'oublier les noires menées de Charles-le-Mauvais, roi de Navarre & comte d'Evreux. M. Secousse a recueilli les noms des trois cens gentilshommes auxquels le roi Jean pardonna la faute de s'être laissés séduire par ce méchant prince. Quatre autres furent décapités. Malheureusement pour la mémoire de Jean, ce Roi viola tellement les formes dans leur punition, qu'il en rendit la justice très-problématique.

d'être chaſſés, & de ne pas voir leur île devenir la province d'un grand royaume continental qu'ils avoient l'impolitique & téméraire ambition de conquérir. Les Normands, partagés comme on l'eſt dans toutes les guerres civiles, ſe diſtinguerent dans les deux partis. Sans un gentilhomme du pays de Caux, nommé de Senne, qui releva l'étendart des Anglois à la bataille de Verneuil en 1424, la victoire étoit aux François. Ce trait rappelle celui de Grouchy-Monteraulier à Harfleur en 1435 pour la bonne cauſe, & celui de Martel-Gouſtimenil de Boisroſé à Fécamp en 1591 pour la mauvaiſe. Mais ce dernier fut un des premiers ligueurs qui revinrent au parti de Henri IV. Nous n'aurions garde d'omettre le ſupplice honorable d'Alain Blanchard, en 1418, de ce maire de Rouen digne de partager l'immortalité des Voués de Calais & de l'Amazone de Vaucouleurs. Quant à cette héroïne, dont Villaret a très-bien narré l'hiſtoire, nous copierions en réſumé ces mots du Continuateur de la chronique de Normandie. « Toutefois l'évêque de Beau-

» vais, Cauchon, vouloir complaire
» au roi d'Angleterre, avoir la grace
» des Anglois mortels ennemis de la
» pucelle; en quoi il commença à
» montrer le vouloir qu'il avoit de
» faire bonne justice en ce procès:
» duquel lui & sa compagnie ne se
» montrerent pas moins affectés à
» faire mourir ladite pucelle, que
» Caïphe, Anne, Scribes & Phari-
» siens, se montrerent affectés à faire
» mourir Notre-Seigneur ».

Voici d'autres événemens & particularités qui ne nous échapperont pas.

En 1470, charte donnée au château du Plessis-lès Tours pour conférer la noblesse en Normandie à tout possesseur de fief à la troisieme génération, moyennant une taxe modique. Cette charte, depuis sa publication sous Louis XI, jusqu'à sa révocation sous Henri III, a donné la noblesse à plus de huit cens familles de Normandie. Dans ce nombre il y en eut près de quatre-vingt déjà très-nobles à qui la modicité de leur fortune, la négligence de leurs archives ou la dispersion de leurs titres, dont la recherche auroit plus coûté que la taxe, fit prendre improprement des lettres d'anoblissement au-lieu de lettres de confirmation. Cette méprise impose à leurs rejetons la nécessité d'établir leurs preuves au-delà de 1470, s'ils veulent justifier de ce qu'on appelle ancienne & vraiment immémoriale extraction. Par la même raison, les descendans directs des francs Archers ou francs Taupins, institués par Charles VII en 1444 & 1445, sont obligés d'en dater leur noblesse, s'ils ne peuvent remonter au-moins à 1443. La charte des francs-fiefs étoit une imitation, rénovation ou extension de reglemens tombés en désuétude, mais faits par S. Louis en 1270, & par Philippe-le-Hardi en 1275 pour tout le Royaume. Nous en avons parlé dans l'encyclopédie de jurisprudence, t. VI. p. 140. col. 2. & p. 141. col. 1. On devenoit noble à la troisieme génération de propriété & de services & de fiefs, comme on le devient aujourd'hui à la troisieme d'officier dans un régiment ou dans certains corps de judicature. Les premiers anoblissemens étoient beaucoup plus rares, parce que très-peu de rotutiers obtenoient l'agrément & l'occasion d'acquérir des fiefs. Alors la noblesse auroit reçu dans son sein le sergent Horadou, qui a sauvé la vie de son Général; le fusilier Thuret, doyen des soldats, fils & pere de braves soldats; le matelot Boussard, conservateur de tant de naufragés; tandis qu'elle auroit repoussé tels & tels intrus à qui leurs intrigues & leur argent donnent la prétention de se soustraire aux charges du Tiers-Etat, & d'enlever les débouchés de l'ordre supérieur.

Le premier anoblissement que nos rois ayent fait par lettres en Normandie, est de 1285 pour l'Alençonnois pris à part, & de 1319 pour la province en général. On ne sauroit pourtant nier que les ducs de Normandie, comme ceux de Bretagne, de Lorraine, &c. n'ayent aussi de leur propre autorité conféré la noblesse à plusieurs de leurs sujets. Orderic Vital, l. xi. p. 805. du *Scriptores Normanni* d'André Duchesne, en fournit plusieurs exemples sous l'année 1101. Les Anglois nos voisins & nos rivaux, avoient dès long-temps d'autres moyens que les armes & les fiefs pour acquérir cette distinction héréditaire. Leur roi Adelstan, frere de notre reine Ogine & beau-frere de notre Charles-le-Simple, déclara noble tout négociant qui auroit fait sur mer à ses frais deux voyages de long cours.

En 1472, entrée des Bourguignons dans la province sous la conduite de leur duc Charles-le-Téméraire. Comines (liv. 3. ch. 10.) parle de leurs ravages d'une maniere propre à les faire croire presqu'égaux à ceux que les Anglois commirent dans leurs invasions de 1346 & 1415, sur lesquelles on peut consulter les *Antiquités* d'Harfleur par la Motte, & les *Recherches* sur la même ville par M. le Tellier, chevalier de S. Louis.

En 1483, Etats-Généraux de Tours où se signalerent deux députés Normands, Jacques de Croismare & Nicolas Masselin.

En 1499, fixation de l'échiquier à Rouen par le bon roi Louis XII, qui avoit été gouverneur de Normandie, & sous le ministere du cardinal d'Amboise qui en étoit archevêque. Presque tous les magistrats de cette époque étoient nobles d'extraction, & plusieurs sortoient de l'ancienne chevalerie. La plupart des laïcs avoient aussi porté les armes. On a vu depuis aux honneurs de la Cour, & dans les premiers grades militaires, plusieurs rejetons de ces anciennes familles cheres à la patrie par leurs services de magistrature & d'épée.

En 1515, dénomination de parlement donnée par François I à cette cour souveraine dont M. Danneville, l'un de ses membres actuels, a fait en prose harmonieuse un panégyrique aussi juste & plus éloquent que les anciens éloges si durement versifiés en françois par Nicolas Aubert & Charles Bourgueville, en latin par Jean-Baptiste le Chandelier.

De 1525 à 1528, la noblesse de Normandie offre le dixieme de ses biens pour la rançon du roi François I.

En 1547, victoire navale sur les Anglois entre le Havre-de-Grace & l'île de Grenesey.

1550. Entrée d'Henri II à Rouen.

1562. Troubles, guerres civiles, sieges, supplices. Voyez entr'autres les additions ou commentaires de le-Laboureur sur Castelnau.

1563. Entrée de Charles IX à Rouen au retour de la reprise du Havre sur les Anglois. Entr'autres particularités notables, nous parlerons du lit-de-justice, où ce prince, assisté du chancelier de l'Hôpital, fit reconnoître sa majorité au parlement de Normandie.

1572. S. Barthélemi, jour plus abominable aux Catholiques que funeste aux Protestans; jour infiniment honorable pour le vertueux Jean Hennuyer, évêque de Lizieux.

1582. Tremblement de terre qui causa beaucoup de dommages au pays de Caux, selon de vieux regîtres en parchemin qui m'ont été communiqués en 1769 par le sieur Hautot, greffier de Montivilliers.

1586. Soulevement des Gautiers, assez semblable à celui des Anabaptistes d'Allemagne dans le même siecle, à celui des Cabochiens, des Maillotins & de la Jaquerie en France deux siecles auparavant, & à ce qui s'est passé de nos jours de la part des paysans de Bohême. Nos lecteurs ne nous reprocheront peut-être pas la répétition de cette remarque déjà faite au chapitre 13. Quand nous composâmes cet ouvrage, au milieu d'occupations & d'entraves sans nombre, nous ne pouvions prévoir qu'il s'imprimeroit à l'instant même où la France se verroit inondée, infectée de libelles contre le gouvernement & la magistrature qui les méprisent, & contre la noblesse qui a le bon esprit de ne pas répondre à ce tissu de plattes & atroces calomnies, dont le sentiment du public instruit & judicieux la défend ou la venge assez. Nous n'avons point dissimulé dans le cours de cette histoire, les écarts de plusieurs membres des deux premiers ordres de l'État, qui ne sont pas plus composés d'anges que le troisieme. Mais nous n'avons jamais rien trouvé qui pût colorer l'odieuse imputation qu'on vient de leur faire de s'être entendus pour opprimer. Et quel temps choisit-on pour ce maladroit & noir mensonge ! C'est le temps où ces deux ordres, toujours freres du troisieme, s'exécutent de la meilleure grace sur certaines exemptions, bien moins onéreuses au peuple que ne le seroit le succès d'une certaine oligarchie qui a paru se former dans la portion la plus remuante d'une classe où elle peut devenir ochlocratie, si l'esprit de patrie ne surmonte enfin l'esprit de parti. Espérons qu'on transigera fraternellement sur cette querelle de famille causée par des mal-entendus que nous avons exposés dans un petit écrit où nous avons parlé le langage d'un ami des trois ordres, zélé pour la justice, cherchant la vérité, ne respirant que la concorde. Il est intitulé : *Eclaircissement à l'amiable entre la Noblesse & le Tiers-État*, & porte pour épigraphe : *Quis dolor, ô fratres! qua vos discordia cepit!* P. 12. l. 18. au-lieu d'*obscurité*, lisez *fixité*, dans le passage où nous parlions de la proportion des preuves des familles & de leurs prétentions dans la noblesse, ainsi que de la durée raisonnable d'un noviciat qu'on ne peut éterniser pour personne. Quand M. le comte d'Antraigues a lancé contre cet ordre, dont il est si digne membre, un sarcasme semblable à ceux de J. J. Rousseau contre le droit de propriété, il ne s'est pas ressouvenu que l'hérédité des fiefs avoit suivi & non précédé l'hérédité de la noblesse. Quand M. le comte de Kersaint a confondu les préjugés avec les principes, en proposant un nivellement très-chimérique, & peut-être nuisible par-tout où regne l'inégalité de fortune, il ne s'est pas apperçu que par la création de sa *Cour supérieure*, il accabloit cent mille familles de nobles, pour élever encore davantage deux cents familles de grands. Quand M. l'abbé Cerutti a fait son Mémoire au peuple, il a sagement reconnu cette grande vérité dont nous croyons avoir donné depuis long-temps de nouvelles démonstrations : c'est que le pouvoir idéal de la naissance est le plus sûr contre-poids & le meilleur frein de la puissance réelle de la richesse. MM. Rabaud, Target, Brizard, de la Cretelle & de la Croix n'attaquent point cette vérité. L'amour du bon ordre, l'histoire d'une grande province, l'intérêt du royaume, la force des circonstances nous ont permis, nous ont commandé cette digression, dans laquelle nous disculpons six cent mille citoyens (ecclésiastiques & nobles) sans en attaquer un seul, & où nous n'avons nommé que des écrivains respectables.

1589. Bataille d'Arques. Sur la Normandie, pendant le regne d'Henri IV, voyez entr'autres les mémoires de Sully.

1590. Bataille d'Ivri. Mort du vieux & brave Longaunai. Même année, mort du cardinal de Bourbon, ce roi imaginaire de la Ligue.

1596. Entrée de Henri IV à Rouen. Discours mémorable de ce vainqueur & bienfaiteur de son peuple à l'assemblée des notables.

1617. Entrée de Louis XIII. Nos rois étoient alors dans l'usage d'anoblir le premier, ou les deux premiers échevins des grandes villes où ils se montroient pour la premiere fois. Alors, comme souvent auparavant & souvent depuis, cette place étoit occupée par un ancien gentilhomme, qui n'ayant pas besoin de cette grace, eut le crédit de la reverser sur un de ses amis ou protégés, né dans le tiers état. Même année, dans la même ville, autre assemblée de notables, où s'incorporerent les Etats de Normandie, ce qui fait que Taillepied & Farin passent de 1616 à 1618, sans marquer ces Etats de 1617. Voyez dans le journal encyclopédique du 1ᵉʳ Mai 1787, pages 308-313, une lettre dont l'*errata* se trouve dans le journal du 1ᵉʳ Avril suivant.

1649. Guerre de la Fronde. Nous ferons usage d'une relation très-rare de la prise de Harfleur par les troupes du duc de Longueville, imprimée dans le temps.

1654. Suspension des Etats sous un ministere Italien.

1685. Funeste révocation de l'édit de Nantes. Et la conscience, & le repos, & la puissance, & la gloire de Louis XIV souffrirent infiniment de ce qu'il n'avoit pas limité au retrait des places de sûreté, le changement de cette loi portée par son immortel aïeul. Ce prince trompé par les persécuteurs des Protestans, comme François Iᵉʳ l'avoit été par les exterminateurs des Vaudois, ne vouloit pas traiter aussi cruellement qu'on le faisoit en son nom, les enfans des sujets qui avoient le plus respecté sa minorité, & les petits-fils de ceux qui avoient le plus contribué à mettre son grand-pere sur le trône. Tandis que les tyrannies subalternes les chassoient de toutes les parties du royaume, les ordres étoient donnés sur la frontiere pour les retenir. Bénissons Louis XVI de fermer, autant qu'il est en son pouvoir, la cruelle plaie qui saigne encore après plus d'un siecle.

1693. Désastreux combat naval de la Hogue.

1694. Bombardement du Havre & de Dieppe par les Anglois, battus la même année à Camaret en Bretagne.

1748. Visite ou voyage de Louis XV.

1758. Prise de Cherbourg, par les Anglois, battus la même année à St.-Cast en Bretagne.

1759. Bombardement du Havre. Cette année fut presque aussi funeste à la France que l'avoit été celle de 1706, dans la guerre de la succession. En Allemagne, défaite de Minden. Sur mer, désastre de M. de la Clue dans la Méditerranée, & de M. de Conflans dans la Manche. En Amérique, perte du marquis de Montcalm & du Canada. Dans l'Inde, commencement des fautes du général Lally.

1771. Cassation du Parlement & création des Conseils supérieurs de

Rouen & de Bayeux. Malgré la dispersion subsistante depuis environ vingt-quatre lustres que s'étoit faite la derniere convocation des Etats de Normandie, malgré les menaces consternantes de l'autorité supérieure & les indignes vexations du despotisme subalterne, deux-cent-vingt-un gentilshommes Normands, non moins attachés à leur Roi qu'à leur Province, s'exposent à perdre les bonnes graces de l'un & leur habitation dans l'autre, en signant & présentant une requête aussi noble & patriotique que soumise & respectueuse; huit jours de plus le nombre passoit mille.

1774. Nouveau regne: restauration de la magistrature.

1778. Guerre pour la délivrance de l'Amérique opprimée, & l'on peut dire, pour la cause du genre humain. D'après leurs chartres, & sur-tout d'après la constitution de 1689, les colonies angloises sont dans l'ordre législatif & politique, plutôt sœurs que filles de la Métropole. Ainsi, les rebelles étoient plutôt à Londres qu'à Boston.

1786. Voyage de sa Majesté à Cherbourg, où sa présence anime les importans & magnifiques travaux.

1787. Assemblées provinciales de Rouen, Caen & Alençon. Ces assemblées, comparées au regne immédiatement antérieur, sont un des bienfaits de Louis XVI envers son peuple ; comme elles n'ont point été composées par la nation, qu'elles n'ont aucune part à la législation, & qu'elles ne peuvent avoir le droit de consentir ou de refuser l'impôt dont elles ont le pouvoir de régler la perception & la répartition, il étoit plausible d'y fondre les trois ordres en un ; c'est-à-dire de former les délibérations par tête, en donnant au Tiers-Etat, pris moitié dans les villes, moitié dans les campagnes, autant de voix qu'à la noblesse & au clergé réunis. Mais il n'en seroit pas de même des états provinciaux, s'il plaisoit à sa majesté de restituer à sa fidele & généreuse Normandie, ce droit naturel qu'elle a déjà rendu si magnanimement à beaucoup d'autres provinces. A plus forte raison il importeroit extrêmement de conférer aux Etats-Généraux du Royaume, le moyen d'assurer l'indépendance, la sagesse & la maturité de leurs délibérations, en y votant par ordre selon l'antique & heureuse constitution qui ne liant point

un ordre par les deux autres, ci-
mente leur unanimité par des conférences amicales, & les préserve tous de
l'oppression, de la défiance ou de la
domination. J'invite à ce sujet les bons
citoyens à lire les *Réflexions d'un Magistrat* (M. d'Epréménil), sur la question d'opiner par tête ou par ordre; la
Lettre d'un Citoyen (dont j'ignore le
nom) aux trois ordres du Dauphiné;
enfin l'écrit de ma foible composition,
intitulé : *Aux François, par un ami des
trois Ordres*, avec cette épigraphe : *pro
lege, pro rege, pro populo*. Cet opuscule étoit antérieur à l'important rapport
fait par M. Necker au Roi, le 27 Décembre 1788. Je l'avois écrit dans un
moment où l'on pouvoit dire d'une
partie trop exaltée ou trop égarée de
nos chers François, ce que M. l'abbé
Papon, dans son petit traité *de l'action
de l'opinion sur les gouvernemens*, a dit
des plébéïens de Rome. « On peut
» bien prévoir les entreprises d'un
» corps, lorsqu'il se fonde sur des
» droits avoués & reconnus; mais lors-
» que ces droits n'ont d'autre fonde-
» ment que le caprice d'une multitude
» qui connoît toute sa force, qui s'exa-

» gere à elle-même son pouvoir, qui
» n'est plus retenue par le respect pour
» ceux qui gouvernent, que ne doit-
» on pas craindre de les aveugles em-
» portemens? Elle méconnoît les pré-
» rogatives du rang & la prééminence
» du mérite..... son courage s'éleve
» par le sentiment qu'elle a de ses pro-
» pres forces. Alors, se livrant à l'or-
» gueil des prétentions, elle dirige
» ses efforts contre les prérogatives de
» la noblesse, & tend sans cesse à cette
» égalité dont elle connoît les char-
» mes, sans en prévoir les dangers.....
» Observez la force progressive du
» mouvement qu'on a donné au peuple.
» Voyez sur-tout avec quelle rapidité il
» marche vers la démocratie: il ne veut
» laisser subsister aucune différence en-
» tre lui & les Patriciens. Ses Tribuns
» ne secondent que trop ce zele inconsi-
» déré. Ils élevent, par de magnifiques
» éloges les moindres actions des Plé-
» béïens, tandis qu'ils s'attachent à
» affoiblir & décrier tout ce que les
» Nobles font de plus utile pour la
» république ».

Observons cependant que c'est beau-
boup moins en Normandie que dans

une province voisine, & à Paris, qu'ont pullulé, dans le cours de 1788, les plus violens & les plus amers libelles, remplis, contre les premieres classes de l'État, de lieux communs & de mensonges semblables à ceux qu'on a débités contre la propriété, le commerce, l'agriculture, contre la royauté, la société, la religion, dans des écrits quelquefois ingénieux & jamais solides, dont le vice radical est de prendre l'abus pour la chose, & l'exception pour la regle.

Nous ne passerions donc pas sous silence ces réclamations & fermentations qui ne sont rien moins qu'indifférentes à l'histoire ; les nobles de Normandie offriroient encore à la Patrie & au Roi, comme leurs ancêtres ont fait en 1338 & 1350, & comme le fera presque toujours la plus grande pluralité des François de tout ordre, *leurs corps, leurs biens*, & tous leurs moyens.

On sent bien que nous parlerions des Duquesne, des Corneille, des Fontenelle, des Huet, des Basnage, comme nous avons parlé des autres grands hommes qui se sont présentés sur notre course avant le terme où nous jugeons à propos de la suspendre ; & peut-être le public nous saura-t-il le meilleur gré de cette suspension, si, comme nous l'espérons, une plume bien supérieure à la nôtre lui présente ces grands objets. Celui qui nous a donné l'excellent abrégé de l'histoire politique des républiques anciennes, celui qui nous a crayonné dignement la vie de tant de grands hommes, & sur-tout celle du grand Condé, M. Turpin nous prépare un ouvrage sur les héros guerriers, patriotes & littéraires de la Normandie. Nous ne négligerons rien pour le déterminer à tracer toute l'histoire de cette province depuis Philippe-Auguste, malgré ce que notre amour-propre pourra souffrir de la comparaison de sa maniere à la nôtre. Ici, chose très-rare, la continuation vaudra beaucoup mieux que le commencement, & nous en félicitons le public sans nous en plaindre.

Mais si les occupations de M. Turpin ne lui permettent pas d'entreprendre cette besogne, & que les nôtres nous permettent de nous en charger, nous ne manquerons pas de consacrer aussi quelques chapitres aux arts, aux fciences, aux lettres, aux mœurs, aux ufages, aux coutumes, aux loix. Ayant rapporté les anciennes fondations eccléfiaftiques & religieufes de Normandie jufqu'à celles du douzieme fiecle exclufivement, ces dernieres vont occuper le chapitre qui va fuivre, & nous le rendrons plus intéreffant encore par une efquiffe des droits, immunités, prérogatives, franchifes & privileges de cette belle & précieufe province.

CHAPITRE LXXXXVII.

FONDATIONS ecclesiastiques & monastiques en Normandie pendant le douzieme siecle. Indication succincte des droits & priviléges de cette Province, & de quelques ouvrages faits & à faire à ce sujet.

L'ARTICLE des religieux érudits ou auteurs du douzieme siecle entrera dans les chapitres que nous consacrerons à l'histoire littéraire de la province. Le *Neustria pia*, le *Gallia christiana*, Masseville lui-même, au milieu de son second tome, & sur la fin du cinquieme livre, donnent la nomenclature des soixante & dix églises, abbayes, prieurés, monasteres des deux sexes fondés, restaurés, ou augmentés en Normandie de onze à douze-cents. Sans copier cette longue liste, il nous suffit d'observer que les principaux bienfaiteurs du clergé séculier & régulier furent les deux Henri, rois d'Angleterre & ducs de Normandie, l'impératrice Matilde, Richard

Richard Cœur-de-Lion, Gautier de Courance, archevêque de Rouen, Guillaume, comte d'Evreux, Raoul de Fougeres, Raoul de Tancarville, Guillaume & Henri, comtes d'Eu, Ascoul ou Asculphe du Fay, Guillaume Hamon, Hugues de Gournay, Adelaïde, comtesse d'Aumale; des seigneurs de Montmorenci, de Monchevreuil, du Hommet, de la Haye, d'Hermanville, d'Harcourt, de Graville, d'Estouteville, de Conteville, de Harscouet, de Corneville, de Pavilly, de Marsilly, de Paisnel ou de Hambie, de Saint-Valeri, de Gournay, de Préaux, de Hotot, de Bosville, de la Pommeraye, de Montbray, de Coulombieres, du Homme; des comtes de Séez & de Ponthieu, de Belême, de Meulan, de Beaumont-le-Roger, de Longueville, du Perche, de Mortaigne, de Bessin, &c.

Peut-être ne fit-on pas bien d'ériger en abbaye, vers 1130, la maison de Saint Jean de Falaise, qu'un bourgeois de cette ville nommé Geoffroi, avoit fondée comme hôpital en 1127. C'est ainsi que très-postérieurement les charitables Visitandines de François de Sales sont devenues d'inutiles recluses.

Le prieuré du Mont-aux-Malades de Rouen fut fondé dans le même temps par les habitans de cette capitale pour y mettre les ladres ou lépreux, dont la maladie contagieuse, triste fruit des croisades, faisoit alors beaucoup de progrès & de ravages.

Nous avons fait suffisamment connoître les principaux faits ecclésiastiques par leur liaison avec les autres événemens. Ainsi nous n'entrerons dans aucun détail sur le concile d'Avranches de 1172, dans lequel Henri II reçut l'absolution des mains de Thomas Beket, ni sur le concile de Rouen, tenu en 1189 pour quelques points de discipline, & pour quelques rits & cérémonies de cette église métropolitaine. Les plaintes que l'on formoit alors contre l'avarice, la débauche & la dissipation des clercs, étoient toujours accompagnées de mesures prises pour les corriger. Passons à d'autres objets.

Philippe-Auguste, en s'emparant de Rouen vers 1204, confirma cette ville & toute la Province dans leurs droits & privileges. Le même Prince, en 1207, donne aux bourgeois de la même ville de nouvelles exemptions & prérogatives, relativement aux fouages dont il les dispense, aux droits de traite & d'entrée qu'il leur adoucit, & surtout à la justice & aux plaids qu'il leur assure toujours chez eux, sans préjudicier aux cours des seigneurs.

En 1216, Henri III, fils de Jean-sans-Terre, reconnut, par un traité fait avec Philippe-Auguste, la légitime domination du roi de France sur la Normandie, dont les privileges furent de nouveau confirmés à cette occasion.

Cette province ne fut point réunie féodalement à la couronne; mais elle lui revint par jugement de la cour des pairs. La confiscation qu'ils prononcerent, & que ratifia le fils du prince dépossédé, prouve que c'étoient les ducs & non les habitans ou sujets que le roi de France punissoit. Aussi, non-seulement Philippe-Auguste promit-il sûreté pour les droits de ceux-ci : il les étendit encore. Ce sentiment & ces procédés de justice & de bienveillance furent transmis aux rois ses successeurs.

Vers 1304 Philippe-le-Bel mit plus de régularité dans la formation des Etats de la province, en y appelant de chaque bailliage ou vicomté un eclésiastique, un gentilhomme, & un représentant du troisieme ordre.

En 1315, Louis X, dit le Hutin, donna la fameuse charte aux Normands, que M. Lallemant, dernier éditeur de Basnage, appelle avec raison le bouclier des franchises de la province. Tous les successeurs de Louis X jusqu'à Henri III inclusivement, ont confirmé cette charte.

En 1361, Le roi Jean reconnut le Duché pour l'un des plus éminens du Royaume, lorsqu'il en convertit l'ancienne confiscation en véritable incorporation, & qu'il le réunit à la Couronne avec le duché de Bourgogne, & les comtés de Toulouse & de Champagne.

En 1462, l'échiquier enregistra une charte de l'année précédente, par laquelle Louis XI étendoit & confirmoit celles des rois ses prédécesseurs.

En 1499, fixation de l'échiquier à Rouen par Louis XII qui vint y siéger en 1508 ou 1509. Depuis la dénomination de parlement donnée par François Ier en 1515 jusqu'à la dispersion de 1771, & depuis la restauration de 1774 jusqu'au travail important de

l'assemblée provinciale de Novembre &
& de Décembre 1787, ce tribunal a
souvent remis sous les yeux du gouvernement & du public les droits, franchises & immunités qu'il n'est pas de
notre plan de détailler ici. Les Etats
depuis leur confirmation de 1205,
jusqu'à leur suspension de 1654, ont
souvent retracé les mêmes prérogatives, libertés & privileges. Une
partie de l'ordre de la noblesse les a
mentionnés aussi dans une fameuse requête de 1771. Nous pensons que les
trois assemblées provinciales (Rouen,
Caen, Alençon) ou du moins l'une des
trois pourra les rassembler & les faire
imprimer sous un regne dont la sagesse
& la dignité non-seulement tolerent,
mais encouragent des collections si précieuses aux citoyens fideles & à l'autorité légitime. C'est ainsi que le ministere François a donné son agrément
& sa sanction à la publicité des droits
de la Bretagne, du Languedoc, &c.
&c. &c. On trouve d'excellens matériaux pour ce travail dans une lettre de
65 pages in-2, adressée par un conseiller du parlement de Rouen à un
président du parlement de Paris, &

publiée en 1756, sous le titre d'*additions aux remontrances du parlement de Normandie*. L'Auteur démontre avec évidence & solidité les droits de la nation Normande sous ses anciens ducs, & leur confirmation sous les rois de France : d'où il suit que la province devroit être une des plus privilégiées de celles qui se sont réunies ou incorporées à la couronne.

On voit dans la même lettre que beaucoup d'anciennes assemblées nationales de Normandie, auxquelles la prépondérance des prétentions, des pouvoirs & des opinions ecclésiastiques a donné le nom de conciles, n'étoient proprement que des états-généraux du Duché.

CHAPITRE LXXXXVIII.

Sur le patriotisme des peuples dont les familles aiment à retrouver les vestiges de leur existence particuliere dans l'histoire générale de leur nation. Liste des noms Neustriens & Normands recueillis dans les siecles dont nous avons écrit.

Un des motifs qui fortifioient le plus le patriotisme des Grecs, des Romains, des Perses, des Egyptiens, des Chaldéens, des Phrygiens, des Chinois, des Arabes, des Tartares, des Indiens des deux hémispheres, enfin de presque tous les peuples puissans & célebres, c'étoit la jonction de l'histoire de leurs familles à celle de leur pays. Le peuple Juif, le plus religieux de la terre, comprenoit ses généalogies dans ses annales & dans sa théologie.

Malgré le relâchement, la chûte & la confusion que les erreurs politiques & morales ont amenés dans plusieurs constitutions modernes, il est cependant vrai que ce sentiment naturel, commun aux hordes sauvages & aux nations policées, ce sentiment d'amour & de respect pour la mémoire & le nom de nos peres, est encore loin de s'éteindre. C'est un principe de justice, de courage & d'émulation qu'il faut bien se garder de confondre avec les préjugés de l'ignorance, de l'orgueil ou de la sottise. Malgré leur luxe, leurs travers & leurs écarts, les premiers peuples de l'Europe & de l'Asie n'ont pas encore perdu ce précieux & honorable mobile d'actions & de conduite vertueuses. Celui qui sait honorer ses ayeux, aspire aux respects de ses descendans.

Sans avoir plus la manie d'exalter la noblesse héréditaire que celle de la déprimer, je penche à croire que cette institution fondée sur les mêmes principes d'où dérivent les différens degrés de pouvoir & de subordination nécessaires au maintien de toute société, que cette institution si vantée & si critiquée, dont les annales du genre humain nous offrent des vestiges de plus de quarante siecles, ne contribue pas foiblement à conserver une manière avantageuse & louable de penser & de sentir. Cet ordre illustre présente toujours nécessairement des noms que la puissance, la fortune, les succès ou les revers de ceux qui les portoient, consacrent dans les fastes de leur pays. Les citoyens pairs ou consorts de ceux-là s'animent bientôt du noble désir d'assurer à leur race ou à leur mémoire la même distinction. Cette émulation gagne rapidement de proche en proche jusqu'à celles des familles du dernier rang qui ne sont point trop flétries par l'indigence ou la grossiereté. Un gouvernement habile, sans déplacer ni mélanger les conditions, peut tirer le plus grand parti du peuple dont les individus redoublent d'intérêt pour la gloire & la prospérité nationales par le souvenir de la coopération qu'y auront eue leurs ancêtres, & par la la considération de l'influence qu'eux, leurs proches, leurs amis ou leurs voisins peuvent y avoir encore. Voici comment s'exprime à ce sujet un magistrat homme de lettres, en développant la maxime de Montesquieu : point de noblesse, point de monarque.

« Que ceux-là soient réputés nobles, dont les ancêtres ont occupé certaines places, ou sont parvenus à certains grades. Lorsque ces grades, ces emplois ont été plus éminens, sur-tout lorsqu'en remontant, on ne voit plus personne au delà de ces ancêtres décorés, que leur descendant en soit jugé plus noble. C'est-là, sans doute, un mérite idéal, imaginaire c'est une fiction du droit politique ; mais enracinée & réalisée par l'opinion habituelle & commune, cette fiction est suivie des avantages les plus réels. Elle augmente le respect & l'affection pour le prince. On se représente le monarque regnant, on le voit comme entouré de ses augustes ayeux, qui, le sceptre en main & la couronne sur la tête, lui forment un pompeux cortege. La noblesse de ses sujets l'anoblit encore. Il seroit bien moins grand s'il étoit seul grand. En même temps l'estime qu'on a pour les nobles, & qui fonde celle qu'ils ont pour eux-mêmes, leur fait faire par passion ce qu'ils pourroient ne pas faire ou ce qu'ils feroient moins bien par vertu.

« Les distinctions personnelles des
» seigneurs, des membres du clergé,
» des magistrats inamovibles, leurs
» prérogatives & celles de la noblesse
» & des nobles arrêtent, non le despo-
» tisme du monarque porté plutôt,
» par son propre intérêt, à haïr le
» despotisme, & si supérieur encore
» à de telles digues ; mais le despotis-
» me de ses représentans. Ceux - ci
» d'abord trahiroient leur propre cause
» s'ils manquoient à tous les ménage-
» mens, s'ils ne respectoient point dans
» les autres l'importance personnelle
» qu'ils sont si flattés de joindre à celle
» que donne le pouvoir pour le seul
» temps de sa durée. Et de plus leur
» grandeur reste toujours en propor-
» tion avec celle des autres sujets dis-
» tingués. » *Principe fondamental du*
» *droit des souverains*, tom. 1.

L'Académicien de Berlin qui a composé *les adieux du duc de Bourgogne &*
de l'abbé de Fénelon, s'énonce aussi p.
320, d'une manière très analogue aux
sentimens & aux expressions que nous
avons marqués en divers écrits sur ce
sujet. « J'avoue, dit-il, qu'il me pa-
» roît contraire à la dignité d'une gran-

» de nation, d'aller prendre les peres
» de la patrie dans diverses classes de
» citoyens dont une seule a été établie
« pour gouverner; certainement c'est
» une faute de politique, que de la
» dépouiller de son droit, puisque
» c'est rendre inutiles à l'état ceux
» qui coûtent le plus à l'état. Un
» philosophe impartial ne se laisse
» point emporter aux déclamations
» vulgaires contre certaines préférences
» accordées à la noblesse pour des em-
» plois ou dignités de magistrature,
» de politique ou d'épée, sur-tout lors-
» qu'il n'y a point d'exclusion pour les
» sujets à qui des talens reconnus &
» des services réels tiennent lieu de
» preuves. De tels reglemens ne doivent
» point humilier la portion de citoyens
» qu'ils rendent à d'autres professions,
» en même temps qu'ils tirent de
» l'accablement ou de l'inaction celle
» qui, pour conserver l'émulation des
» nobles & des non-nobles, est plus
» disponible aux genres honorifiques
» qu'aux genres lucratifs. »

On sait combien il s'en faut que toute la noblesse au service soit payée. Combien d'officiers à la suite ? Combien davantage avec des appointemens très-inférieurs à leurs dépenses nécessaires? Ajoutez encore le ban & l'arriere-ban. La noblesse (a) aujourd'hui n'est donc pas moins désintéressée d'argent qu'autrefois, lorsqu'elle conserve la même émulation pour les honneurs. On sait de plus que ses anciens chefs à la guerre levoient à leur profit la plupart des taxes qui ne se perçoivent plus que pour le Roi.

« Si la noblesse est d'une grande an-
» cienneté, dit M. Chérin (*Discours*
» *préliminaire* de son *abrégé chronologi-*
» *que*), elle représente les fondateurs
» & les défenseurs de la monarchie,
» comme à Rome les familles patri-
» ciennes représentoient les premiers
» Sénateurs qu'avoit eus la république.
» Si elle est nouvelle (& *fondée*, ajou-

(a) La même véracité qui me fait parler de cette manière en général, me force à convenir qu'il n'y a que trop d'exceptions depuis l'accroissement excessif du luxe & de la cupidité qui, répandant par-tout le vil égoïsme, enleve aux dernieres classes l'esprit de déférence & de subordination, ainsi qu'aux premieres celui de dignité réelle & de modération.

« tons nous, *sans être prodiguée*), elle
» transmet le souvenir des services qui
» ont été rendus à la patrie, & celui
» des récompenses qu'y ont attachés
» les Souverains : sous ces deux rap-
» ports elle est utile. »

En plaidant pour un ordre de ma nation, par le même principe de patriotisme & d'équité qui me porteroit à plaider pour les autres, s'ils étoient aussi cruellement attaqués (*fin de* 1788), aussi odieusement calomniés, aussi malheureusement divisés ; j'ajouterai que la qualité de gentilhomme n'est vraiment précieuse qu'autant qu'elle sert à rappeler plus vivement les obligations d'homme, & qu'on ne mérite les regards de la Divinité que par l'affection la plus sincere envers toutes les classes de l'espece ou société humaine, par l'accomplissement le moins imparfait de tous les devoirs relatifs, proportionnels & convenables au rang & au poste où il a plu à la Providence de nous placer. Sans confondre l'affabilité des manières avec l'oubli de son état, ni les convenances de la dignité avec les petitesses de la hauteur, je n'ai jamais pensé que la subordination d'emplois ou l'infériorité de condition dût être une source d'abaissement, ni que les honneurs qui nous sont déférés par nos compatriotes, nos semblables, nos freres, pour le service & l'émulation de tous, puissent nous autoriser à prendre sur eux une supériorité dédaigneuse. Et si les rois, les ministres, les généraux, les magistrats & les peuples adoptoient les principes fraternels des Philadelphiens; s'ils pouvoient réaliser la chimere de l'égalité politique, civile & sociale, dès-lors, eût-il un respect de Chinois pour la mémoire de ses peres & sa filiation depuis Noé, tout noble gagneroit à jeter ses titres au feu, comme tout riche, eût-il les trésors de Crésus, à ne se réserver que le nécessaire. Jusques-là, dans les sociétés policées, pour peu qu'elles ayent d'étendue, il importe à l'ordre, au repos & à la justice d'envisager du beau côté la source des propriétés civiles; il importe, excepté dans un petit nombre de cas particulier, de croire à la légitimité des possessions comme à celle des naissances. Et, pour étouffer les funestes germes de l'envie, de la discorde & de la révolte, on doit considérer généralement la fortune comme le fruit du travail, de l'intelligence & d'une sage économie ; la noblesse, comme le prix de l'héroïsme, des talens sublimes & des grands services. Un gouvernement sage préviendra la trop grande multiplication de celle-ci, comme il réprimera les richesses mal acquises.

Autrefois, avons-nous remarqué dans un autre ouvrage, chaque individu d'un peuple conquérant s'arrogeoit, non sans quelqu'apparence de droit, & sans une sorte de fondement, une prééminence & supériorité très-marquée sur ceux du peuple conquis. De-là dans le cinquieme siecle le dédain d'un Franc pour un Gaulois ; de-là, encore six siecles après l'asservissement des Anglois sous la domination Danoise, asservissement presque semblable à celui des negres de nos jours envers les colons de l'Amérique. Un Anglois qui rencontroit un Danois, comme nous l'avons dit sous le regne de Canut I, devoit s'arrêter jusqu'à ce que le Danois eût passé. Il n'en est plus ainsi dans la politique moderne de l'Europe, si vous en exceptez, à quelques égards, la Grece, où les vainqueurs maladroits ont conservé dans l'habillement une différence qui, plus que celle de religion, perpétue le mécontentement & la séparation du peuple vaincu.

Les autres nations, qui n'ont pas oublié à s'entre-détruire, ont appris du moins à s'entre-respecter; & cette classe dont l'aînesse civile a pris sa forme dans l'aînesse physique des individus, & dans les hommages que l'homme est assez enclin à rendre aux personnes & aux descendans de ceux qui l'auront étonné par leurs talens, qui lui auront imposé par leur puissance, qui l'auront captivé par leur bonté, qui l'auront servi par leurs actions; la noblesse enfin, proportionnellement aux autres classes de la société, a profité de cet adoucissement que l'abolition de l'esclavage, & le progrès des lumières ont apporté dans les mœurs. Les habitans d'un pays soumis par les armes peuvent être dépouillés de leurs emplois, quelquefois de leur fortune; mais ils ne descendent point du rang assigné par leur naissance, de ce rang héréditaire qui, chez les gouvernemens & les sociétés où il est reconnu, forme une espece de patrimoins non moins sacré que tous les autres genres de propriété. Vainqueurs & vaincus, tous, excepté dans un très-petit nombre de cas, restent dans la classe où le sort les a fait naître; & le roturier qui dans un combat fait prisonnier un gentilhomme, se donne quelquefois un supérieur. Que ne se persuadent-t-ils tous deux, après l'action, qu'ils retrouvent un frere!

Nous n'étendrons pas plus loin ces remarques & ces réflexions. Ce que nous venons d'en exposer suffit pour justifier la liste que nous allons donner des noms recouvrés de l'ancienne chevalerie de Normandie pendant les époques dont nous avons retracé l'histoire. Un hommage rendu si justement aux principaux acteurs des faits intéressans qu'on vient de parcourir, ne sera blâmé par aucun de nos lecteurs. Mais quand on nous feroit l'injustice de ne voir dans une pareille liste qu'une simple & aride indication généalogique, nous ne la croirions encore gueres moins intéressante pour une portion considérable du tiers-état que pour la généralité de la noblesse, attendu les passages alternatifs & nombreux que la révolution des siecles n'a pas manqué de produire d'un ordre à l'autre. Ces reversemens ne sont pas une des moindres causes de l'identité des noms entre des familles de classes très-différentes pour lesquelles il ne subsiste pas d'indice d'autre identité d'origine, que de celle qui est commune à l'Espagnol & à l'Algonkin par Adam ou par Noé. Au surplus, comme nous l'avons déjà dit quelque part, ce seroit une façon de généalogiser bien respectable & bien douce, bien philosophique & bien religieuse, que de fournir à toutes les classes & à toutes les familles d'une même nation la preuve de leur consanguinité, pour leur mieux apprendre à se connoître, s'obliger, se chérir, à resserrer la fraternité primitive de tous les citoyens, de tous les hommes par la démonstration de leurs nouvelles parentés. Mais c'est assez prouver comment & pourquoi nous avons cru nourrir & fortifier le patriotisme par l'histoire, en intéressant l'amour-propre ou l'honneur des familles aux événemens du pays. Il est temps de donner notre liste pure & simple, en attendant le grand nobiliaire qui suivra notre derniere partie, si cette premiere est goûtée du public.

M. Lévêque, dans son histoire des cinq premiers Valois, a raison de dire que plusieurs roturiers se sont anoblis par l'acquisition des fiefs; mais il devoit ajouter que jusqu'aux quatorze & quinzieme siecles, les possessions seigneuriales entre les mains roturieres étoient extrêmement difficiles & rares, & rencontroient autant d'obstacles de la part du tiers-état que de celle de la noblesse. Il pouvoit aussi se ressouvenir que la tierce-foi, rendue par le roturier possesseur de fief à la troisieme génération, ne constatoit pas toujours son anoblissement, & différoit essentiellement de l'hommage rendu par le gentilhomme. Voyez la réponse du vicomte d'Alès aux lettres écrites de Lyon sur l'origine de la noblesse; voyez aussi la lettre de M. Maugard sur le danger d'abroger les loix. Au surplus, on peut reculer bien au delà de Philippe le Hardi & de Raoul l'Orfevre, l'exemple d'anoblissement par faveur & par lettres. Si l'on suspecte la charte accordée par Philippe-Auguste, en 1191, à Victor Brodeau, peut-être ne rejetera-t on pas le témoignage d'Orderic Vital, presque contemporain, sur plusieurs anoblissemens conférés, en 1101, par Guillaume-le-Roux. Voyez ce que nous en avons dit, pages 271-272, où sont aussi rappelés les anoblissemens d'Adelstan, roi d'Angleterre de 924 à 940. On convient en France, que la charte accordée par Philippe I à Eudes le Maire, autrement Chalo de S. Mars, étoit plutôt un véritable anoblissement qu'un simple affranchissement. On a même conservé le souvenir d'un anoblissement accordé par Charlemagne à un pâtre guerrier qui lui avoit rendu de grands services. Le comte du Buat, dans ses *Elémens de la Politique*, est convenu que du douzieme au quinzieme siecle, le passage alternatif de la noblesse à la franche-bourgeoisie fut assez fréquent. Cette ligne utile de démarcation, devenue chez nous branche de propriété, ne fut jamais un mur de séparation.

Il est certain que nos rois, en créant de nouvelle noblesse, n'ont point détruit l'ancienne, & qu'il existe dans tous les ordres beaucoup de rejetons des seigneurs que nous allons nommer. Mais, ne voulant blesser ni flatter les prétentions de personne, nous laissons le soin de soutenir ou de prouver leur filiation aux familles qui portent quelqu'un des noms que nous allons rapporter de l'ancienne chevalerie de Normandie, à laquelle nous mêlerons la partie de celle de France & d'Angleterre qui eut par fois le plus de part aux affaires ou aux événemens de ce duché.

A.

Aunou, Aunouf, Alnou. Aigneaux. l'Allemand. Argouges. Argences. Amfreville, Anferville. Anger. Angerville. Achy, Achey ou Aché. Asnieres. Argongnel. Anquetriville. Annebaut. Autegny. Auvrecher, Aurecher, Orcher. l'Aigle. Alençon. Aquilon, Aguillon. Aunay. l'Asne. Amboise. Avranches, Avranchin. Alisi. Aubigny. Albene. Abetot. Ausseville. Argax. Anery. Avesne. Ays. Arnou. Anet. Aufay. Arsis, Arci. Anquetin. Ayou. Auteuil. Amerville, Ammerdeville. Anserville. Aviron. Ambreses. Aumale,

Aumerle. Arques. André. Auger, Augers. Auxé, Auxi. Aitin. Anferey. Arondel, Arundel. Aubemare. Acquigny. Andely, Angilliam. Argentan. Avenant. Abel. Angenou. Archer. Arperville. Amonerville. Alkeny. Albeni. Afpremont. Alen. Agulis. Agulons. Auris. Argenton. Agos. Aubeville. Artos. Arras. Anjou. Abbeville. Albemare. Ambleville. Auvilliers. Agon. Aifier. Achard. Anifis, Anefys. Auvergni.

A cette lettre comme aux suivantes, nous séparons par des points les noms de différence bien réelle, & seulement par des virgules ceux qui n'ont qu'une différence apparente, comme celle de l'orthographe ou de la prononciation.

B.

Briquebec. Blainville. Beaumefnil, Biauménil. Pailleul, Bayeul. Beaufou. du Bochet. Braquemont. Braruz, Blary, Blaru. Brucourt. Beaumont. le Bigart. Briqueville. Brevan. Beauchamp. Bellefme. du Buret. Boutemont. du Boifyvon. Bacon. Bienfaite. le Bois. Bailly. Barate. Buchard. Benneville. Bateftes. Bouffaint. Barre. Briofne, Brionne. Bellengres. Buray. Bérencourt, Buttecourt. Breville. Briençon, Brianson. Bressay. la Bruyere. Beauvilley. Bassy. Boisguillaume. Bigot, Bigod. la Bleterie. Beauvillain. Beuzeville. du Brueil, du Breuil. le Breton. du Bosc. Beaufay. Bertrand, Bertram. Belessart. le Borne. des Barres. Bortenviller. Boon. Breteuil. Barneville. du Buat. Basset. Basseville. Briensard. Brieuse, Briouse. Bray. Breauté. Burdon. Bellesme. Brieulet. Borlange. la Barre. Buchely. Burrirsa. Bonneval. Balgençoy. Beauvoir. Blancherage. Burris. Brichard. Basqueville, Bacqueville, Baskerville. Beaugency. Boslebec, Bollebec. Beaumontel. Biset, Bisel. Bardouil. Boamville. Barville. le Bataille. Baudet. Boulay. Bonnescoz, Bonnechose. Bosenville. Boulsey. Barneville. Bosguerrout. Baudemont. le Breton. Branche. Bellenquierville. Betin. Brieusseville. Balues. Bléville. Bordet. Blanfort, Bosrobert. Basein. du Bec, Bec-Crêpin. Brusbby. Brusly. Beauderet. Bretti. Basogues. la Basoche. Boales. Bieres. Barnabosc. Branchon. Beausault. le Baveux. Bréval. Beaujeu. Brametot. Bohum. Baylife, Bailly, Bally. Boudeville. Barbason. Beer. Bunes Burnes. Bouelaines.

DE NORMANDIE. 313

Bouelaines. Barbayon. Berners. Brébœuf. Brand. Bonneville. Burgh, Bourg. Buchy. Blondel. Breton. Bellaffise Bouſet. Bayons. Bulmere. Brown. Beze. Boulers. Baneſtre, Banaſtre. Belomy. Belnape. Baudy. Bryleby. Burral. Belot. Becahers. Beaufort. Beaudouin. Burdon. Berterdlay. Berteville. Barret. Barnetel. Barry. Body. Bertine Breleu. Bret. Buſchell. Belevers. Buffand. Bouthiller, Bouthlé, Botteler, Buthler, Bouteiller. Borville. Braſſard. Bools. Belfront. Barchamps. Beaupont. Byſeg. Bolleville. Baylon, Bayloun. Bardof. Botes. Boys. Botetoit. Bons. Bearapel. Burgaz. Burnel. Botterel. Bonneville. Bouet. Barneville. Barnats. Breves. Brayfuf. Beſil. Burs. Berderon. Beaumis. *de Bulliofa.* Barville. Beaufour. Beauhon. Bouillon. Botreville, Boutteville. Botevilain, Boutevillain. Beaufaut. Bernieres. des Biars. Bonneboſc. Bonnetot. Breſcy. Bretagne. Breteuil. Bréval. Breves. Brie. Burer. Bacon. Banville. Barates. le Barrois. Bellenguer. Belleval. Benneville. Benſeville. Bigars. Blainville. du Bois. Boisguillaume. Boiſſay, Buiſſey. du Boſc de Mary. Bouquetot. Boute-

Tome II. O

mont. Braquemont. Braqueville. Breſi. Brucourt. Brully.

C.

Collonces, Coulunces, Coulonces. Cervon, Servon. Colibeaux. Creuilly. Courcy. Crochiet. Criquebœuf. le Contéray. Carbonnel. Chiffrevaſt, Siffrevaſt. la Campagne. la Carbonniere. Cambrey, Chambrai. Conves, Couves. Couen. Condé, Condey. du Chemin, du Quemin. Cherbourg. Courménil. Clinchamp, Clinchamps. Croiſilles. Cancrout, Cancront. Campion, Champion. Conches. Carrouges. Calleguey. Chaumont. Cantelou, Chantelou, Chantileu. du Coudrey, du Coudray. Caſteres. Clamorgan. Calleville. Corneville. Calletot. Culey, Culy, Cully. Clarel, Clérel. Chauvel. Cornu. Chamberleine, Chambellan, Cambelayne. Carbet. Capelles. Collard. Couillarville. Colombiere, Coulombiere. Crouville. Creſpin, Bec-Crêpin, du Bec. Carrel, Quarrel. du Château. Courcelles. Caffrée. Clery. Chabot. du Cheſne. Chaillot. Cropit. Crues. la

Chapelle. Chambernon, Cambernon. Cahagne. Capel. Canin. Crequeville. Cirré. Croc. Clairbec. Champeney, Champiny. Cleres, Claire. du Champ. Calot. Courbespine. Candos, Chandos. Cumin. Colden. Connelle. Citrey. Creng. Clermont. le Carpentier. Coneraye. Courbeville. Costé. Courtomer. Crevent. Cagnan. Cestre. Clare. Crassy, Craci. Crespon. Caen. Centville, Centeville. Conteville, Couteville. Chacegne. Chance. Cunes. Camville, Canville, Chanville, Chaunville. Canonville, Canouville. Courteney. Colombiers. Cailly. Camos. Chauvent. Chaney. Coudray. Colville. Cribet, Corbine. Corbet. Coniers. Coucy. Chavorte. Claremans. Camiom. Chaudim. Collet. Conestable. Chancer. Cholmelay. Corleville. Clarvais, Clarvaise. Caren. Chaunes. Champaigne. Charles. Chareberge. Chaumont. Cursen. Couel. Cheytert. Chegnes. Carteni, Caterny. Chercourt. Clerency. Curly. Cliford. Cléville. Cauville. Chamberson. Creil. Cardon. Camois. Colomber. Crenavel. Cornil. Cati. Carwald. Cheyne. Chalen. Clavans. Chandert. Cantenor. Claremont, Clermont. Cruce. Carterey, Cartrait. Cayeu. Cebrais. Chartres. Cosseville. Crevecœur. Collegny. Coqueville. Calleville. Canisy. Carantilly. Carantonne. Cérisy. Colart. Criquebeuf. Crouville. Croismare. Cramesnil.

D.

Desquey ou plutôt d'Esquai. Doublet. Doustainville. Dreux. aux Dents ou le Dentu. Durgane. Derney. Doure. Domfront. Durade. Danemois. Dugny. Dues. Dives. le Danois. Drogon, Drengot, Drencot. Dine. Despenser, le Dépensier. Daniel. Denys. Druel. Davers, Daveres. Doningsels. Darel. Dakény. Dandré. Desuie. Davernon, Dabernon. Doury. Danray. Disart. Durand. Dandeville. Domfroville Deverons. Danvers. Denveroys. Dauney. Doreyn. Danudon. Dangers. Dapison. Dragons. Doleville. Davil. Douai. Dambun. Drincourt. Desson. Dorville. Dyel.

E.

Estutevil, Estouteville, Erouteville, Touteville. Erneval, Enneval, Esne-

DE NORMANDIE. 317

val. Esmontois. Ecouen. Escoues. Ecbout. Enouville. Eu, U. Evreux. des Essarts. Erneiz, fils Erneiz. aux Epaules, des Epaules l'Epinai. Epinai. Espreville. Escorcheville. l'Espervier. Echauffout. Ernoult. Escageul. Eun. Exmes, Hyesmes. Espagne. Ervile. Eauville. Ercy. Estrange. Escriols. Engagne. Esturney. Evest. Eville. Enouvile. Eroudeville. Esquai. Estrange ou Lestrange.

F.

Fauguernoy, Fauguernon. la Ferté, la Fertey. Ferrieres. Fréauville. la Fosse. Fontaines. Folanel Feray. du Fay. Fontenay. du Feugneray. Fescan, Fécamp. Forges. Facouville. Fresney. la Ferriere. Fravere. du Fournet. Folley. la Forêt. Fréardel, Friardel. Ferrand. Franlencourt. Fresneuse. Fresne. Forz. des Fours. Fraisnel. Formeaux. Fougeres. Fontenelle. Falaire. Flaiteau. Fibert. Folleville, Folvil. Fitz-Water (comme fils de Gautier). Fitz-Marmaduc. Fitz-Robert. Fitz-Roger. Fitz-Philippe. Fitz-Villiam. Fitz-Raulfe. Fitz-Browne. Fanecourt. Foke. Fréville. Facombrige. Frissel. Filiol. Fitz-Thomas. Fitz-Morice. Fitz-Hugues. Fitz-Turstin. Fitz-Warin. Fanneville. Formay. Formibaud. Frison. Finer. Fitz-Vrey. Fitz-Herbert. Fitz-Joan. Fitz-Hammond. Furnival. Fontebosc. Fitz-Alen. Fiens. Ferriz. Ferrers. Fregu. Folliot. Forneus. Fornevous. Fitz-de-Lou. de Faux. Fresney. Fortescu. Forcor. *changé en* Pogneor. Fitz-Oures.

G.

Graville, Guerarville. Grimonville, Grimouville. Guisebert, Guillebert, Guilbert, Gilbert. Guiberville. Gauville. Grosparmi, Grosparné. Garunes. Gerberor. Gaillon. Grouchis, Grouchy, Gruchi, Groucy. Gaillon. Goullafre. Gasteville. Grengnes. Grenville. Grosménil. Gouville. Gacé, Gacy. Granville. Garennes. Giffard, Guiffard. Guepré. Guilot. Gande. Gomer, Gomers. Gisors. Glos. Glanville. Guascœil. Goel, Gouel. Géant, Gigaut. Gournay, Gourné. Goz, Goth, le Gois. Grancourt. Gery. Guigetot. Gouis, Goui. Garran. Glapion. Garnetot, Guernetot. Galande. le Galois. Girarville. le Gros. Guescale. Givros. Golias. Gamache. Grimault, Grimout. Glocestre. Garencieres. Gargrave. Grente. Grentemenil, Grandmesnil. Gracy. Gouer. Gascogne. Gray. Golsfer. Graons. Gurly. Gurdon, Gourdon. Gaunt. Gorges. Geneville. Gray. Ganders. Grely. Grevil. Gael, Gayel. Genevay. Goudon. Gorges. Grassey, Gressy. Gauvain. Grainville. Glamorgan, Clamorgan.

H.

Harcord, Harcourt, Arcour & Herecourt. Hambie. Hautot, Hotot, du Hommet du Heuay. Heuenvillet. la Haye. la Houssaye. Huchon. Hanvars. Harenville. Hauteville. Houdetot. Harquenonville. Hellande, Hellonde. Hages. Hauteville. Horclaporte. Hucerménil. Hauemont. Herberville. Hangest. la Huese, la Honse, la Heuze. la Heranpe. Herouville. Hussey. Herbigny. la Huenniere. Hav. Huguerville, Hugleville. Harenc. Huesmes, Exmes. Halis. Hedricourt. Heucon. Heucy. Hisenguy. la Herune. du Homme. la Hite. Heuse. Hansard. Hastings. Hanlay. Husic. Herne. Hamelyn. Hardel. Harerel. Huket. Hamon, Hamond. Harbouville, Herebouville. Hauteville

O iv

Hautein. Hulbius. Heynois. Houdan, Houden, Houdenc. Hyldebrond. Helion. Hauftlaing. Hufce. Huffay. Haqueville. Haranvilliers. la Haye-Hue. Henneville. Henqueville. Huffon.

I.

Irecourt. l'Ifle. des Iles. Itery. Ile-Beuf. Ivetot, Yverot. Ivry, Yvri. Ipres, Ypres.

J.

Jauge. Jouer Jufigny. Jamberville. Jambon. Joé. Joui. Jay. Jarden. Janville. Jafparville. Jalfin. Jort.

K.

Kartray, Carteret. Kulley. Karte. Karron. Kerret, Kyriel, Quieret. Knéville.

L.

La Luzerne. Langronne. du Logis. Limbœuf, Lindebœuf, Lindebuc. des Landes. Landige Louvel. Longchamp. Longray. Louvet Lacey, Lacy. Lenges. Longueville, Lefigny. Lifieux. Larey.

DE NORMANDIE. 321

Louviers. Lalande. Lintot. Linguevre. Livet. des Loges. Lie. Leiville. Longueſſe. Longueil. Ledes. Louvigny. Leſnier. Limauville. la Londe. le Liude. Lavere. Liele. Lavarde. Limeſy. Leſtrange. Levorly. Latomere. Loveday. Lagenton. Level. Leſcrope. Lemare. Litterille. Lilley. Longyes. Laſtels. Loudrey. Lotterel. Longval. Levaruſe. Loy. Lave. Lou. Love. Loges. Loncin. Loucy. Longueſpée. Lafitay. la Lande. Leauville. Litehaire. Landelles.

M.

Malmaine, Malmains, Mallemains, Monſe. Mortemer. du Meſle. du Merle. Marbœuf. Montigni. Morfarville. Marfauville. Manneville. Mauconduit. Meurdrac. Monteney. Montnai. Meautis. Mary. le Moine. Mathieu. Malherbe. la Meaulſe. Maillioc, Maillot. Martel. Mauduit. Maitagne. le Monnier. Morigny. Mathan. Merlemont. la Mare. du Meſnil. Magnerel Mardar. Marſent. Montfort. Mallard. Mallet, Malet, Maillet. Malleville. Manneval. Mauvoiſin. Meauvaiſin. Montdoucet. Monchevrel. Mantes. Montaigne. Mal-

O v

checei. Martinvaft. Mauquenci, Mauquenchy. Montereul. Maretot. Morienne. Montenages. la Motte. Mongoubert. Mucedent. Marcel. Mareil. Maceir. Monſtrelet. Marins. Maudeſtour. Maries, Maris. Muret. Meley. Malerot. Maulé. Meſnard. du Mont. Meulan, Meulant, Mellent. Marli. du Moulin, des Moulins. Malétouppe. Meules, Meulles. Montgeroul. Monthorel. Moium. Montmirail. Muſard. Mongalleuſe, Mongalleux. Monbray, Moubrai. Maupas. Malart. Manloue. Montpinçon. Mortain. Mongay. Mondoublel. Montrevel. du Mouſtier. Milly. Meſdavid. Morimont. Marcé, Marcey. Moun, Mooun. Monmorillon. Maninon. Maroles. Mare. Maurelles. Moncy. Mareuil. Montgommeri. du Meſnil-Rinfray. Mayenne, Moyenne. Magny. Moulins. Marmillon, Marmion. Morville. Mauley, Maulie, Manley, Mouley, Molley. Muſe. Malebranche. Muſchampe. Muſgrave. Meſny-le-Villers. Mortmaine. Marteine. Montreocher. Muſgros, Mucegros. Maletravers. Merke. Murres. Montalenc. Mandure. Maule. Malory. Merny. Muffet. Maysaud. Morel. Morley. Montmartin. Myners. Main Waring. Mantel. Mayel. Marton. Mandeville. Malbouche. Malins. Malvesine. Morton. Montabous. Montsorel. Moutain. Montfichet, Montfiquet. Mulfard. Marc-Mautravers. Montagu. Molgus. Moubank. Mous. Monchamp. Monthaut. Montchansy. Merlaber. Molineaux. Mouton. Magny. Monceaux. Montmartin. du Monstier-Hubert. Mortagne. Mouy. Moyon. Marbeuf. Marigny. Marsant. des Moustiers.

N.

Noirveaux. Nonan, Nonant. du Neufbourg. Neuville, Néville. Nantairel. du Noyer. du Neumarché. du Neufchâtel. Neaufle. Néel, Nigel. Neuvilette. Nicole. Nevers Norton. Narbet, Norbet. Norece. Neele. Normanville. Nerville. Nonchamp. Naihou, Neauhou.

O.

D'O Oysée, Oisy. Orbec. Orville. Orcher, Auvrecher. Osbern,

Osborn, Fitz-Othbern. Ouville. Osmont, Osmond. Osmonville. Orval. Orival. Ou. l'Ormelle. Ossel, Oysel. Oison. Oiniville. la Ouate. Orenel. Olibef, Olybeuf. Olifaut. Olifort. Oryol. Omfraville. Orlatele. Onfreville. Onfrai, Umphrei. Orléans.. Ouilly, Ouillie, Ovillie.

P.

Plasnes, Planes, Plesnes. Préaux. Paisnel, Paynel. Pyrou. Percy. Patry. Ponteaudemer. du Plasses, du Plessis. Preuley, Freully. la Plangue, la Planche. Pouchain. Pons. Pommereul. Pellicot. Pipard. Pavilley, Pavely, Pavilli. Prully. Péan, Pagan, Payen. du Pin. du Pont. Pont d'Echeufray. Peronne. Parnes. du Pusay, du Pussai. Picard. Pointeau. Pantouf. Pevereau, Pewerel, Peurel, Pleuvrel. Pontoise. Puisat, Puiset. Poix. du Poirier. la Porte. Pillet. Pontpercé. du Pont-de-l'Arche. du Parc. Praeres. Pierrecourt. Poulain. Poissy. Pescheverou. Poncieux. Perrins. Piencourt. du Putot. Pellevillain, Poilvilain. Ponthieu. la Porerie. Pierrefont. Pierrepont. le Porc. la Pommeraie. des Prez. Parrique. du Puis. Porc-épic,

Porc épiche. Penecourt. Pacy, Pécy. Pershale. Power Peche. Perot. Pudsey. Pimeray. Ponsey. Pontchardon. Pyrchard. Placy. Platine. Pampilion. Poterel. Pekeney, Pequigny, Piquigni. Pervinke. Penicord. Paycret. Perdel. Peritou. Peubert. Pomeray Payns, Payus. Pontelarge. Pert. Perry. du Passais. des Pins. Pardieu. le Poigneur, Pogneor.

Q.

Du Quemin, du Chemin. Quarrel, Carrel. Quieret, Kyriel, Kerret. Quincy. Quintine. du Quesne.

R.

Roncherolles. la Roche. Rouvray, Rouvraie, Rouvroi. le Richard. Rouwerou. Rochefort, Rochford. Renez Ruaut, Ruault. Reiniers, Reviers, Revers. Rupalley. la Riviere Royauté. Récuchon, Récusson. Rouces la Rochetesson, Tesson. Richebourg. le Roux. Rioley. de Rotes. Rastel, Restel. Ruel. Ragnel. Rihei. Roumare. des Roches. Ros. Rudel. Rouvis Roullos. Roures. Rotemont. Renou. Remelion. Recuther. Ridel, Ridle le Rouge. Rodelant. Rupierre. Roiville. Roese.

Raimond, Reymond. la Roussiere. Romilly. Rollecrote. du Rosel. le Ros. Rouville. Rose. Rynel. Rons. Russel, Roussel. Rond. Richmond. Rodes. Rivel. Rosny. Robertel.

S.

Servon, Cervon. Sainte-Beuve, Sainte-Beue. Saint-Martin. Saquainville, Sacquenville. Siffrevast, Chiffrevast. Saint-Germain. Saint-Denis. Servain. Saint-Paix. du Saulx. Salli. Sanay. Sané. Saint-Aignan. Survie, Surville. Sahard. de Sol. Solligny, Soulligni. Saint-Clair, Saint-Cler. S. Hilaire. Semilly. St.-Marcouf. Saint-Saintray. le Sénéchal, Senescal. Saint-Laulent. Servey. Saint-Léger. du Saucey, du Saussi. Saint-Celerin. Saint-Yon. Saint André. Saint Aubin. Saint-Gal, Saint-Kale. Saint-Gilles. Saint-Jean. Saint-Lienard. Jordeny. du Sap. Sourdeval. Silly. Sittroel. Saint-Severe, San Saver. Saugey. Sainte-Susanne. Serrane. Soulé. Saye, Say, Sei. Salqueville. Sully Sablé, Sabloil. Saint-Saen. Sacy. Saneinelle. Silvain. Seglas. Seule. Saint-Victor. Saint-Valeri. Saint Brisson. Saint-Symphorien, Saint-Simphoriam.

Saint-Sauveur. Seauluce. Sanchon. Senlis. Senche. Saint-Quintine, Saint-Quentin. Saint-Omer. Saint-Amand. Soverville. Sanford. Somery. Saint-Georges. Saint-Lés. Savine. Saint-More. Saint-Clo, Saint-Cloud Saint-Iou, Saint-Lo. Sainte-Albine. Sainte-Barbe. Sandeville. Saint-More. Saint-Seudemore. Stoteville. Sotteville. Saint-Aubin. Saint-Philbert. Spencer. Saint-Mor. Saint-Per, Saint-Pair. Saint-Vigor. Serward. Serranz. Sauvarer. Saint-Amour. Scaliers. Stoker. Saint-Jay. Strange. Sauvage. Sainteaux. Saffy. Saint-Malo, Saint-Maclou. Saint-Lambert. Saint-Laurent. Saint-Marcou.

T.

Thibouville, Tybouville. Thylly, Tilli. Tesson, la Rochetesson. Touteville, Stoteville, Estouville. Thieuville. Tournebu. Thorigni, Torigny. Thersy. Talvas. Tollevast. Theville. Thece. Thesard. du Theuray. Tresmont. Tritres. Touffré. Touffreville. Turstin, Turstam, Torstan, Thorstein, Tostaing, Tostan, Tursten, Tonstain, Tousteyne, Tourain. Tustinville, Toustainville. Tôni, Toëny. Trie.

Turnay, Tournai. Tourneville. Tourteville. Trouqueville, Tourqueville, Turqueville. Tancarville. Tavenel. Talbot, Talbois, Talybois. Tresgot. Turgot. Theuville. Toussebot, Trussebot, Trassebut.. Tracy, Trassi, Trachi. Tanné. Tourville. Touques. Touqueville. Touray. Turpin. Turgis, Turgese. du Taillis. Taillart. Trihan. du Thuit. Trouel. Trely. Thillers, Tillieres. Triel. Tonon. Tirel. Torp. Tignonville. Torni. Tréville. Tendremont. Torci. Trousseau. Trousseauville. le Treillage Tervel. Tanesi. du Teilleul, Theliol. Touars. Trans. Tores. Toget. Tuchet. Taker. Trustot. Troupiel. Tanny. Tibtote, Typtot, Thiboutot. Trussel, Trossel. Turbeville. Turbemer. Trayly. Traygod. Thouars. Tollegny. Touains. Touais. le Tort. Taillefer. du Tourneur. Tovigny.

U.

U, Ou, Eu. Urfé. Ussey. Urville. Umfrauville. Umphrey, Onfroi, Onfray. Unket. Urnal.

V.

Villers. Varville. Valiquet. Verdun. Villaines. Villié, Villiez, Villiers.

Verdun. Vieuxpont. Vauxchelles, Vaucelles. Vaux. Villequier. Vieux. Vieilles. du Vivier. Vallerville. le Veneur. le Viconte, le Vicomte. Vernon. Vair. Ver. du Val. Vaci, Vaſſy. Villerey. Varleville, des Vieux. Warwic. Waraneſ des Vallées. Vallognes. Vigny. Valmondois. Valengoiard. Viville. Vacé. du Veau. Vilelville. Vanville. Valence, Valens. Vacord. Vavaſſeur. Vender. Verdier. Verdon. Vere. Verlond Verlay. Vernois. Verny. Vilan. la Vache. Wake. Wad-Leger. Warde, Vardes. Wardebus. Warins. Wate. Wateline. Waterville. Woly. Wiwel. Wartevil, Waterville. Vinon. Verdeis. Waren. Wardeboys. Veſey. Vipon. Vagu. Vautort. Vans. Waze. Wakeville. Varennes. Vitry. Villebadin.

Y.

Yvetot, Ivetot. Yvri, Ivry. Ypres, Ipres. Yle. Ylebond.

On n'a pas toujours exactement placé les uns près des autres, les noms identiques ſeulement différenciés par l'orthographe ou la prononciation. Cette minutieuſe & pénible attention devenoit ſuperflue dans une table d'ailleurs auſſi claire.

CHAPITRE XCIX.

Sénéchaux de Normandie.

A la suite de la liste la plus complette de ce qu'on a pu recueillir de l'ancienne chevalerie de Neustrie & de Normandie, depuis le commencement du neuvieme siecle, jusqu'à la fin du treizieme, nos lecteurs, à ce que nous espérons, verront avec intérêt les noms d'une grande partie de ceux qui ont présidé à l'administration de la justice & au maintien de la police dans cette province. Farin & ses continuateurs ont donné la liste de l'échiquier ou du parlement, de la cour des aides & de la chambre des comptes aujourd'hui réunies, & celle des baillis de Rouen. Mon pere a recueilli celle des baillis de Caux. M. Odolant Desnos a publié celle des baillis d'Alençon, & feu M. l'abbé Béziers celle des baillis de Caen. Ainsi, pour ne point copier ou répéter ce qui existe dans d'autres livres, nous nous bornerons à extraire seulement les noms & les dates du grand catalogue historique des sénéchaux de la province. C'est un répertoire dont nous sommes redevables aux recherches de M. Avoyne de Chantereine, qui nous a très-obligeamment communiqué son manuscrit. Comme nous ne voulons ni ne devons abuser de sa confiance au point d'ôter à cet ouvrage, d'un prix essentiel, le surcroît d'intérêt que la nouveauté lui donnera, nous nous interdisons de transcrire les dissertations préliminaires de l'auteur sur l'origine & les fonctions des charges de grands-sénéchaux & de vicomtes. On sait que les premiers ont été long-temps à-la-fois chefs de la justice, de l'armée & de la maison du Duc. On sait même que plus anciennement ces désignations de titres & de postes honorables avoient, avec la vie rurale de nos ancêtres, des rapports que l'étymologie nous rend encore sensibles. Le *Sénéchal* veilloit sur les bœufs, le *Maréchal* sur les chevaux, le *Connétable* sur les étables & les écuries. Insensiblement les occupations prirent un genre bien différent de celui qu'indiquoit leur dénomination. Mais elles tinrent long-temps à cette commensalité (mentionnée ch. 45. p. 379 du T. 1.) par laquelle les nobles, en se procurant des secours mutuels qui ne coûtoient rien à l'état, anoblissoient les différens genres de services que l'humanité peut attendre de l'humanité. La vie de l'homme, dit fort bien M. de Saint-Pierre, n'est qu'une chaîne de dépendances continuelles. Les écrivains de nos jours qui se sont récriés sur le prétendu avilissement d'un gentilhomme commensal d'un autre gentilhomme, ainsi qu'il se pratique en Pologne & dans d'autres états, & même encore chez quelques-uns de nos seigneurs ; ces écrivains, dis je, n'ont pas considéré qu'ils avoient de temps en temps sous les yeux le spectacle bien moins édifiant de valets devenus de puissans personnages Ce n'est pas au moment où j'écris ces lignes que la pluralité de mes chers & respectables compatriotes sortira des préventions aussi graves que mal fondées qu'on vient de lui suggérer contre la noblesse ; prévention qui doit avoir son cours & sa fin comme toutes les espèces de modes & de fanatisme, comme toutes les épidémies physiques & morales.

La jalousie portée contre les frêles & presqu'imperceptibles débris des prérogatives de la noblesse, fait oublier, 1°. que nul n'est humilié que celui qui sort de sa sphere ; 2°. que pour un gentilhomme, il y a plusieurs citoyens du tiers état privilégiés ; 3°. que la moindre chargette, dans la moindre ville, donne au roturier qui la possede beaucoup de prééminences sur l'habitant noble ; quatriememnt, que les exemptions de la noblesse n'ont jamais tant pesé sur la Nation, que certaines municipalités bourgeoises empressées d'établir des octrois ; que des charges de pratiques rapportant des taxations calculées, non sur le travail, mais sur la finance de l'office ; que ces corporations mercantiles, ces maîtrises, ces monopoles accrédités qui donnent l'exercice exclusif des métiers & de plusieurs branches importantes du commerce & de l'industrie.

Ces raisons seront mal écoutées dans un temps où l'on a prôné comme sage & populaire une administration fortuite & précipitée qui, sans pouvoirs de la province dont elle se dit mandataire, a substitué des murs de séparation dénaturée aux lignes de démarcation légale entre les ordres, a frustré du droit cité les trente-neuf quarantièmes de la population ; dans un temps où des compagnies de basoche veulent envahir les places de magistrature, où les maisons de négoce veulent concourir avec celles de la cour aux régimens ou du-moins aux compagnies de cavalerie.

Ailleurs on a vu les séducteurs coupables d'une multitude aveuglée, profaner le nom d'un ministre recommandable, & s'en autoriser avec toute l'audace de l'imposture ambitieuse ; ce qui a produit quelque temps le double mal d'exciter la licence effrénée de la de la populace, & d'inspirer à plusieurs citoyens distingués des prétentions fâcheuses contre ce respectable administrateur dont ils n'étoient pas à portée d'observer de près les talens & les vertus.

Mais comme tôt ou tard la justice & la vérité triomphent des efforts de l'envie & de l'erreur, c'est dans ce

livre, consacré à la gloire & à l'instruction d'une grande partie de nos concitoyens, que nous ne craindrons pas de consigner les paroles adressées au peuple de Rennes par un membre de la Noblesse de Bretagne. « Vos Ecri-
» vains déclament contre le despo-
» tisme de la noblesse ; mais en quoi
» consiste ce despotisme ? Dans quelle
» occasion pouvons-nous gêner la li-
» berté d'un citoyen, lui défendre ce
» que le droit naturel ou la loi écrite
» lui permettent ? Ils parlent de ce
» despotisme qui n'existe pas ; mais
» ils ne parlent pas du despotisme
» des corporations qui ne permettent
» au simple ouvrier d'employer ses
» talens qu'à leur profit, & qui exer-
» cent le droit tyrannique de partager
» le salaire, sans avoir partagé le tra-
» vail...... Calculez & considérez s'il
» est de notre avantage de quadrupler
» les impositions que vous supportez,
» pour servir la vanité des premiers
» de votre classe qui perdent à envier
» nos distinctions & nos titres, le
» temps précieux qu'ils pourroient em-
» ployer à acquérir des distinctions
» plus flatteuses, des titres plus bril-

» lans, ceux que la vertu & les services
» rendus à la patrie procurent égale-
» ment aux citoyens de tous les ordres.
» Oui, je le répete, des titres plus
» brillans, & je ne crains pas d'être
» démenti par la noblesse. Quel est
» celui de nous qui voudroit préférer
» l'éclat de la naissance à l'éclat de la
» vertu?... Croyez que le véritable
» noble n'est fier de son titre que
» parce qu'il le regarde comme une
» source de devoirs, comme un en-
» gagement sacré qui l'unit plus étroi-
» tement à sa patrie, qui lui com-
» mande plus impérieusement de se
» consacrer à sa défense; & s'il en
» étoit parmi nous qui fussent capa-
» bles d'oublier, de trahir ce devoir,
» croyez que dégradés aux yeux de
» leur ordre, ils produiroient en
» vain des titres. S'ils avoient dérogé
» par le vice, ils ne seroient plus
» nobles, & nous les rejeterions loin
» de nous, loin de la classe respec-
» table des citoyens de tous les
» ordres.... Ecrivains anonymes, vous
» ne nous persuaderez jamais que ce
» peuple que nous chérissons & qui
» nous aime, se change, à votre
» gré,

» gré, en une troupe d'assassins armée
» contre nos jours ».

Les vrais représentans du tiers-état se ressouviendront en 1789 que leurs prédécesseurs, en 1560, 1577, &c. loin de prétendre enlever à la noblesse les emplois militaires, demandoient qu'elle les occupât tous, ou du-moins qu'elle y eût toujours la préférence, comme à des objets sinon de propriété exclusive, du-moins de destination spéciale.

O quel affreux mal-entendu, d'avoir appointé les deux ordres nationaux & freres, dans un procès qui ne devoit exister qu'entre l'opulence & la misere ! Ne voir dans la féodalité que des vexations, c'est ne voir dans le commerce que des banqueroutes. Ne voir la noblesse que dans quelques Grands très-élevés, très-riches & très-favorisés, n'est pas plus sage que de voir le tiers-état seulement chez quelques millionnaires. C'est aux riches & aux aisés de toutes les classes à contribuer de leur mieux au soulagement des pauvres & des nécessiteux de toutes les classes. Point de ces basses détractions, de ces injurieuses défiances, qui sembleroient faire deux nations rivales, de l'élite &

du gros de la même nation; qui flétriroient les titres d'honneur, & transformeroient les citoyens *notables* en citoyens *notés*.

Cette déplorable querelle n'auroit jamais existé sans la facilité scandaleuse de certains anoblissemens; abus également funeste aux deux ordres, & contre lequel le vœu des trois est unanime. Comme beaucoup de familles commençantes n'ont encore, à proprement parler, que l'apprentissage ou noviciat de noblesse; comme il ne faut ni faveur pour l'intrigue ni découragement pour le mérite; comme enfin l'on doit être juste avec tous ses freres de tous les rangs, nous avons proposé, dans d'autres écrits, des moyens de proportionner l'étendue des preuves à l'importance ou à l'éclat de l'objet pour lequel on en exige, & de compenser l'une par l'autre l'ancienneté qui suppose de très-longs services & l'illustration qui en suppose de très-grands. Toujours occupés du moral dans le civil, nous n'avons pas oublié de parler aussi des preuves à quartier qui resserrent les différentes familles & les empêchent de s'isoler. Ce principe constant, ce sentiment inaltérable de justice, de patriotisme & de philantropie, ne nous a pas laissé non plus omettre les moyens les mieux combinés pour donner à une partie du tiers-état pleine concurrence avec la noblesse dans les emplois du service de terre & de mer, & dans les charges de cour souveraine, bien entendu qu'on restraindroit l'excessive facilité de s'anoblir par ces dernieres, &, à plus forte raison, les priviléges analogues des secrétaires du Roi. Comme nous nous occupons d'étouffer les rivalités & non de les entretenir, il nous est permis d'avouer que le tiers-état a tellement envahi ou partagé les prérogatives de la noblesse, que celle-ci est bien excusable, bien louable même d'avoir souvent accepté, sollicité les places du tiers-état Mais cessons une discussion qui sembleroit supposer que l'harmonie s'altere entre deux ordres, enfans de la même famille, & revenons à nos sénéchaux de Normandie.

Quelquefois la qualité de sénéchal s'exprimoit en latin par *dapifer*, attendu qu'un sénéchal faisoit aussi les fonctions de premier maître-d'hôtel en portant les plats sur la table du Souverain. Cela vient de ce que, graduellement ou successivement chez le Roi, chez les grands vassaux, & chez les premiers feudataires de ces derniers, les principaux officiers de l'état ou de la seigneurie étoient pris entre ceux du palais. C'est ainsi qu'à l'imitation du Monarque suzerain, les ducs de Normandie & de Bretagne avoient des Sénéchaux pris dans la premiere noblesse, & qu'à l'imitation de ces ducs, les comtes d'Eu & les vicomtes de Rohan avoient aussi leurs sénéchaux, officiers commensaux, militaires & justiciers, nés gentilshommes, & qui, la plupart, ont fait du titre de leurs offices, ordinairement inféodés, un nom patronimique pour leurs familles.

Dès le neuvieme siecle, au rapport de l'archevêque Hincmar, contemporain, il falloit être noble d'extraction & jouir d'une bonne renommée pour être revêtu d'une charge palatine. Ainsi les preuves de noblesse & de bonne vie & mœurs qui s'exigent encore aujourd'hui pour certains honneurs & certains postes auprès du souverain, sont d'institution très-ancienne. Il en est de même des preuves pour les emplois de début au service militaire, la décision de 1781 & l'ordonnance de 1788 n'ayant fait à cet égard que remettre en vigueur les anciens usages & réglemens, notamment les édits de 1514, 1563, 1564 & 1579.

Quant aux vicomtes, ils fourniront la matiere du chapitre suivant & dernier.

Grands sénéchaux de Normandie depuis l'établissement du premier duc Raoul.

Année. 995. Bothon, comte de Bessin.

940. Berenger, comte de Bessin.
1020. Guillebert ou Gillebert de Crespon, confondu mal-àpropos, par quelques-uns, avec un seigneur de la maison de Crespin.
1030. Alain, duc de Bretagne.
1035. Osborn, Othberne, ou Aubert de Crêpon.
1040. Raoul de Gacé, Gascey ou Valli.
1046. Guillaume Fitz-Othbern, ou Crêpon, comte de Breteuil.

1048. Robert de Veulles, de Vielles, ou de Pontaudemer.
1059. Gerold.
1060. Gautier Giffard, ou Guiffard.
1064 Eudes ou Eudon, surnommé au-Capel, fils de Richard Toustain, surnommé Halduc ou Hardouf.
1069. Baudouin.
1077. Raoul de Montpinçon.
1082. Radulphe.
1087. Stigaud, ou Odon Stigand.
1089. Guillaume de Crespon, comte de Hereford.
1100. Robert I. de Crespon ou Crépon.
1110. Robert II. de Crespon.
1112. Hamon.
1113. Humfroy ou Onfroi de Bohon, comte de Hereford & d'Essex.
1119. Guillaume de Pirou.
1125. Osmond.
1130. Hugues ou Huget.
1135. Guillaume Malet ou Mallet.
1139. Guillaume de Roumare.
1141. Guillaume Martel. Cette maison de Martel est apparemment celle des seigneurs de Basqueville ou Bacqueville & de Fontaines

comme la maison de Malet est celle des sires de Graville & de Crâménil.

1147. Roger le Viconte, ou le Vicomte. Ce nom est devenu patronimique à la maison des seigneurs de Saint-Hilaire & de Blangy.

1151. Onfroy de Buck.

1152. Robert de Courci.

1153. Robert de Warvic, premier baron de Neufbourg & d'Asnebec, de la maison de Veulles ou de Pontaudemer. La Roque regarde cette maison & celles de Beaumont, de Meulan, de Courcentes, de Saint-Paer, de Gournay, de Milly, d'Aubergenville, d'Evreux, de Leycester, de Bedfort, de Manchester, de Boisemont & de Livarot, comme autant de branches de la maison d'Harcourt, ainsi que les Troussel-Rochefort, les Montlehery, les Hornes, les Laval, les Rais étoient, comme le prouvent Duchesne & d'autres généalogistes, autant de branches de Montmorenci.

1146. Jean de Vaurey.

1159. Rotrou de Beaumont, évêque d'Evreux.
1165. Manassès Biset ou Bisset.
1168. Robert dit le Bossu, de la maison de Beaumont, comte de Leicester, sire de Pacy, Breteuil, Glos, &c.
1171. Guillaume de Saint-Jean.
1174. Willaume Fils-Andel.
1174. Guillaume ou Robert de la Barre.
1175. Robert, dit aux-blanches-mains, comte de Leicester, sire de Pacy, &c.
1176. Gilbert Malet.
1176. Raoul ou Radulphe de Tancarville.
1184. Guillaume de Tancarville.
1200. Warin, Guérin ou Garin de Glapion.
1203. Raoul ou Radulphe de Tesson.
1205. Guillaume d'Angerville, de l'ancienne maison d'Auvricher, Anvrecher, Auricher, ou Orcher.
1220. Gui de la Roche.
1272. Robert de Fermoville.
1330. Raoul Toustain, seigneur d'Yvecrique.
1404. Guillaume de Melun, comte de Tancarville.

DE NORMANDIE.

1413. Louis I d'Estouteville.
1422. Richard de Wideville.
1439. Thomas d'Escalles, fondateur de la ville de Granville.
1449. Pierre de Brézé, comte de Maulevrier.
1467. Louis II d'Estouteville, baron de Hambie & de Briquebec, seigneur de Vallemont & de Hotot.
1462. Jean Blosset, seigneur de Saint-Pierre de Carrouge.
1481. Jean de Brézé.
1490. Louis de Brézé, comte de Maulevrier, baron du Bec-Crespin & de Mauny, seigneur de Nogent-le-Roi, Brissac, Anet, Bréval & Monchauvet.

N. B. Dans la suite de cet Essai, nous nous proposons de donner la liste des pairs de France, des grands-officiers de la Couronne, des chevaliers du Saint-Esprit, des commandeurs de Saint-Louis, natifs ou originaires de Normandie, & celle des députés des trois Ordres aux anciens États & aux nouvelles assemblées de la province. On a vu, p. 285, que l'histoire des progrès & des principales productions de l'esprit humain ne sera pas oubliée dans nos recherches, supposé toutefois qu'une main plus habile ne rende pas au public le service d'entreprendre cette tâche.

P v

CHAPITRE C.

VICOMTES de Normandie.

LES comtes, jadis gouverneurs des provinces ou des villes, avoient tout ensemble le commandement des armées, l'exercice de la justice & le maniement des finances. La Normandie n'étant plus sous la domination Françoise, ces seigneurs, & encore moins les vicomtes, leurs lieutenans, n'y purent usurper, comme dans le reste du Royaume, la propriété ou l'hérédité de leurs charges.

Dès le neuvieme siècle la compétence des comtes devint distincte de celle de leurs lieutenans, associés ou vicomtes. Ces derniers sont, en Normandie, ce que sont les prevôts, viguiers, alloués & châtelains pour d'autres provinces. L'auteur du livre des *Origines* (t. 1, l. 5, c. 43, §. IV), croit que la Normandie est la seule province où les vicomtés ayent conservé leur ancienne nature, que par-tout ailleurs elles sont devenues des fiefs & que leur juridiction, qui n'est pas différente des hautes justices, en a pris aussi la nature.

Les ducs de Normandie ayant cessé d'envoyer des comtes dans les villes, cette qualité ne fut plus qu'un titre & une dignité presque purement honorifique. Pour rendre la justice, ils substituerent des baillis, & laisserent des vicomtes au-dessous d'eux; ensorte que le vicomte, quoique premier juge de la plupart des villes de la province, ne connoît ni des cas royaux, ni des causes des nobles, ni des crimes. Sa compétence réglée par les articles 5, 6, 7, 8, 9 & 10 de la coutume (a), se borne aux choses

―――――

(a) Les articles 124, 125, 126 de cette *Coutume de Sapience*, justifient bien ce que nous avons dit du gouvernement féodal calqué sur le respect des cadets envers leurs aînés, & sur la protection des aînés envers leurs cadets. Suivant un passage d'Otton de Fritingue, appuyé dans le premier tome des *Origines* du comte du Buat, l. IV. c. 5, l'autorité paternelle n'étoit pas différente de la suzeraineté. Cette seule remarque, fondée sur l'histoire & principalement applicable à la Normandie, où la féodalité fut l'effet d'un traité & non d'une usurpation; cette remarque, dis-je, prouve que le peuple ne fut pas si malheureux alors.

P vj

& aux personnes roturières. Cependant leur service est encore d'une telle importance que leur composition dans laquelle on compte, même de nos jours, beaucoup de gentilshommes, a été très-illustre jusques

---

que l'ont pensé des modernes qui ont imaginé que les bizarres tracasseries de quelques seigneurs inconnus de certains cantons obscurs (tels que le *Jambage*) formoient le droit ou le fléau public de la monarchie. Ceux qui se sont permis d'employer l'outrageuse dénomination de *basse noblesse* contre les gentilshommes peu versés dans le baladinage des arts de la ville, mais cultivateurs & bienfaiteurs des campagnes ; ceux qui traitoient indistinctement de tourbe pillarde la noblesse héroïque des armées, n'ont pas senti combien des injures ainsi vomies sur l'ordre en général le plus poli, le plus instruit, le mieux élevé, pouvoient retomber sur toute la nation. Heureusement que la chevalerie Françoise n'a pas encore tout-à-fait démérité l'éloge qu'en faisoit l'empereur Frédéric Barberousse il y a plus de six siècles, & la princesse Anne Comnène il y a plus de sept cens ans. Un autre étranger a dit dans des temps plus modernes: *Gens Francorum fortis armis, præstandaque consilio*. Certes, une nation qui a produit tant de grands hommes & fait de si grandes choses, n'a point été composée d'une noblesse généralement oppressive & d'un peuple généralement abruti.

vers 1560. Nous avons réfuté dans un article de *l'Encyclopédie Méthodique* la fable imprimée contre une grande maison qui a fourni un vicomte de Caen, dont le fils, très-jeune encore qualifié *baron*, étoit, non pas au nombre de la bourgeoisie, mais dans l'élite des écoliers, nobles & non nobles, qui jeterent des fleurs sur le passage d'un roi de France. Cette fable, répetée dans la *vie privée de Louis XV* & dans le *Dictionnaire*, plus satyrique qu'exact, *des anoblissemens*, prouve que les auteurs qui substituent Henri IV à François Ier, n'avoient jamais ouvert le livre des *Antiquités de Caen* qu'ils se sont avisés de citer. Au moment où j'écris, rien ne doit étonner dans l'accès de frénésie qui transporte, depuis quelques mois, pour quelques autres mois, une foule d'écrivains entraînés par cette impulsion que les erreurs de quelques personnes, & non celles d'aucun corps, ont laissé prendre aux classes inférieures, toujours portées à déprimer les plus élevées. L'acharnement est tel qu'on a voulu contester à l'ordre fait pour être la pépinière ou la récompense de l'héroïsme en tout genre, la gloire d'avoir produit les grands hommes nés dans son sein. De-là ces attaques contre la naissance de Montholon, de Lesdiguères, de Bossuet, de Vauban, de Villars même, élevé aux pages de la grande-écurie comme l'ont été trois ou quatre autres maréchaux de France.

La noblesse de Normandie, comme celle des autres provinces, notamment de la Provence & du Dauphiné, a souvent mérité l'application de cette devise que le P. Toussaint de S. Luc donne si justement à la noblesse de Bretagne.

..... utrique aptissimus ensi
Themidis & Martis.

Certes un noble revêtu d'une place de judicature, même inférieure, a plus de véritable dignité que tel Seigneur, qui, selon M. de Meilhan (*Considérations sur l'esprit & les mœurs*), instruit avec précision que l'emprunt de trente-six millions est à un six-huitieme de bénéfice, qu'un autre perd un & demi, entre en commerce avec les agens de change, a un portefeuille comme un financier, & concentre bientôt son attention sur les révolutions de la place.

Philosophe intéressant qui venez de

publier vos *Essais sur les comices de Rome, sur les états-généraux de France & sur le parlement d'Angleterre*, pourquoi voyez-vous trop en noir l'histoire & la conduite de votre patrie (*b*) ? O com-

___

(*b*) Le même écrivain, trop enclin peut-être à déprimer la France pour vanter l'Angleterre, avance que la condamnation des hérétiques au feu n'eut lieu pour la première fois, dans ce dernier Royaume, qu'en 1401, quatre siecles plus tard que l'exécution des Manichéens sous notre roi Robert. C'est oublier le traitement fait aux Gérardiens ou Pétrobrusiens sous Henri II en 1160 (Voyez ch. 78). C'est oublier la S. Brice d'Ethelred, antérieure de plus de 500 ans à la S. Barthélemi de Charles IX (V. ch. 14). Ne falsifions jamais l'humanité chez aucun peuple. Soyons toujours décens & justes avec nos voisins, avec nos rivaux, avec tout le monde. Aussi loin d'une aveugle & opiniâtre prévention que d'une mobilité légere & d'une imitation servile, saisissons, appliquons, modifions, adoptons ce que les étrangers nous offriront de sage & d'utile en administration, législation, constitution. Mais à ceux qui voudroient transplanter indistinctement sur les bords de la Seine les cérémonies religieuses du Mançanarès, les opinions politiques de la Tamise & les usages militaires de la Sprée ; contentons-nous de rappeler la belle maxime que le Perse Artaban prêchoit, selon Plutarque, à Thémistocle : « Les loix & les coutumes des
» hommes varient suivant les lieux ; mais il
» est honnête par-tout d'observer & de res-
» pecter les loix de son pays ».

bien nous regrettons que le séjour habituel d'une grande ville plus corrompue qu'embellie par le luxe, vous fasse donner la préférence au *numéraire* sur les propriétés territoriales, & vous montre plus de grandeur chez un banquier que chez un seigneur ! Sans parler des plaintes des Port-royalistes & des Protestans, sans adopter tout ce que l'auteur des *Soupirs de la France* ou des *vœux d'un Patriote* écrivoit dès 1689 contre le gouvernement de Louis XIV, tout ce que Boisguilbert recueilloit dès 1697 contre le ministere de Colbert, toutes les comparaisons faites plus récemment de l'éclat du *brillant siecle* à celui d'un incendie, osons dire que les soixante-dix ans écoulés depuis le systême impolitique, immoral & anti-économique de Law, jusqu'aux fureurs du dernier agiotage, ont vu plus de séductions, de miseres, de corruption, de vices, de crimes que n'en ont produit deux siecles de la féodalité la plus asservissante. Osons ajouter en général, & sans aucune personnalité, qu'une troupe de capitalistes, sortis tout-à-coup de l'obscurité, enrichis par des moyens douteux ou sus-

pects, & prêts à se rendre les accaparateurs des ressources de l'état, peut y devenir bien plus redoutable que ces puissans seigneurs terriers qui par leurs travaux, leurs dangers, leurs actions, justifioient ordinairement le respect que leur nom, les services de leur famille, leur grandeur héréditaire imprimoit dans l'esprit des peuples. Nous croyons avoir approfondi cette matiere dans quelques productions de notre foible plume; mais comme il convient peu de se citer ou de se répéter souvent soi-même; comme il est aussi des lecteurs auprès de qui les vérités les plus simples ne passent qu'à l'appui de grandes autorités, transcrivons cette phrase de J. J. Rousseau (*Nouv. Hel. t.* 3, 5e *part. let.* 2), « quand il est
» question d'estimer la puissance pu-
» blique, le bel esprit visite les palais
» des princes, ses ports, ses troupes,
» ses arsenaux. Le vrai politique parcourt les terres & va dans la chaumiere du laboureur. Le premier voit
» ce qu'on a fait, le second ce qu'on
» peut faire. »

Ajoutons, avec M. le comte de Mirabeau (liv. 2 *de la monarchie Prussienne*), « ce n'est pas l'affluence du

» numéraire qui enrichit un peuple ;
» c'est la destruction de toutes les me-
» sures oppressives qui dégoûtent les
» hommes du travail, c'est l'attention
» humaine & politique de ne pas arra-
» cher au peuple l'argent aussi-tôt qu'il
» entre dans les mains. Si par vos ex-
» torsions fiscales vous pompez rapi-
» dement la petite portion de numé-
» raire qu'il peut atteindre, ou, ce
» qui revient au même, & ce qui ex-
» prime mieux notre idée, en éloi-
» gnant celle d'argent, à laquelle les
» hommes ne sont malheureusement
» que trop attachés ; si vous l'obligez
» à se défaire tout de suite de ses den-
» rées, pour vous en livrer le prix en
» impôts directs ou indirects, com-
» ment voulez-vous qu'il ait un excé-
» dent à employer en amélioration » ?

Revenons. Aujourd'hui que les nobles ne peuvent plus, comme jadis, être à la fois juges & guerriers, on voit du moins leurs familles souvent décorées en même temps par de braves militaires & d'intègres magistrats. Dans une des notes de notre *Précis historique sur le comte de la Noue de Vair*, nous avons saisi quelques-uns des rapports mutuels que ces deux professions conservent; car qu'est-ce qu'un militaire sans justice, & qu'est-ce qu'un magistrat sans courage? C'est un des travers de notre siecle, de ne considérer quelquefois les meilleures choses que du mauvais côté; d'outrager comme fainéant le noble agriculteur, comme dérogeant le noble justicier, comme arrogant le noble militaire, comme insensé celui qui se soustrait aux avanies qu'on lui feroit essuyer dans la marine marchande, & qui préfere aux profits du commerce, de la banque & de la finance, les fonctions laborieuses, honorifiques ou pétilleuses que lui désignent les mœurs, le rang, les services héréditaires de sa famille.

Si M. de Chantereyne ne faisoit pas imprimer son catalogue, qui n'est pas encore absolument complet, & si notre essai borné au regne de Philippe Auguste n'étoit continué par personne, nous reprendrions nous mêmes cette suite; nous y donnerions la liste de tout ce qu'on a pu recueillir des vicomtes d'Acquigny, d'Alençon, d'autre Alençon en Côtentin, d'Andely, d'Argentan, d'Arques, d'Avranches, d'Auge, d'Aumale, de Beaumont-le-Roger, de Bernay, de Blaqueville, de Bloville ou Blosseville, de la Bouille, de Breteuil, de Briquebec, de Caen, de Carentan, de la Carneille, Caudebec, Chateauneuf en Thimerais, Conches, Condé-sur-Noireau, Cotentin ou Coutances, Damville, Desville, Dieppe, Domfront, Douvres, d'Elbeuf, d'Emonville, d'Esquay, d'Estrepagny, d'Evrecy, d'Evreux, d'Eu, de Falaise, de Fauquernon ou Fauguernon, Fécamp, Garennes, Gaspré, Gavray, Gisors, Gournay, du Havre de Grace, de la Haye-du-Puits, d'Heudicourt, Hyêmes, Hotot, Lillebonne, Lions, Lizieux, Maulevrier, Mauny, Meulan, Montivilliers, Monville, Montreuil, Mortain, Neufchâtel, Orbec, Pacy, Planes, du Ponteaudemer, du Ponteautou (presque toujours uni au Ponteaudemer), du Pont-de-l'Arche, de Rouen, Roumare, Saint-Sauveur-Landelin ou Periers, Saint-Sauveur-le-vicomte, Saint-Sylvain, Seez, Souy, du Thuit, de Thury, Valognes, Varanguebec, Vasly, Verneuil, Vernon, Vire, Yvri.

Quant aux vicomtes, non plus considérés comme juges, mais comme gentilshommes titrés, la coutume de Normandie, en cela d'accord avec la plupart des autres du Royaume, regle ainsi les rangs : marquis, comte, vicomte, baron (c). L'usage a rendu ces qualifications équivalentes ou synonymes ; mais l'abus a introduit des usurpations auxquelles les chambres des comptes remédient en ne reconnoissant pour ainsi qualifiés que ceux qui produisent des lettres patentes duement enregistrées. Les parlemens ne contestent pas ces qualités décorantes aux gentilshommes à qui le Roi les a décernées dans des brevets, des lettres, des commissions, ou dans des admis-

―――――――――――――――

(c) De cette regle & de celle de la phrase suivante du texte, il faut excepter les baronnies d'ancienne dignité féodale qui marchent avant les terres de nouvelle érection, non duchés ni principautés. De ce nombre sont la baronie du Pont-Saint-Pierre en Normandie, les neuf hautes baronies de Bretagne, les vingt-trois de Languedoc, celles du Dauphiné dont il est étonnant qu'on veuille supprimer le droit sans consulter les intéressés, &c. &c. &c. Voyez l'arrêt de la chambre des comptes de Paris du 7 Août 1754, celui du parlement de Paris du 31 Juillet 1780, & la notice que nous avons donnée dans *l'état de la noblesse* de 1783, du mémoire de M. Ducloz du Fresnoy concernant la baronie de Mello.

sions aux honneurs de la cour. Mais ils n'accordent dans un procès la taxe de ces distinctions qu'à ceux qui les justifient par lettres-patentes enregistrées. Nous renvoyons pour le surplus aux livres de MM. d'Hozier, de M. le comte de Waroquier & des autres écrivains héraldiques.

ERRATA depuis la p. 225.

P. 253. l. dern. les mots en italiques effacés sont : *si le jugement le permet.*

P. 263. l. 2. au-dessous du sommaire, *quatorze*, lisez *quinze*.

P. 282. l. 3. *règne*, lisez *régime*.

P. 285. lignes 3 & 4, en remontant, ajoutez *des Malherbe, des Mezeray, des Bochard*.

P. 313. l. 6. *Bryleby*, lisez *Broyleby*. l. 17. *Braysuf*, lisez *Braysuf*.

P. 315. l. 8. *Courromer*, lisez *Courtomer*.

P. 321. l. 2. de l'*M*, après *Monse*, lisez *Mouse* & *Maise*.

P. 324. l. 3. après ou avant *Oysel*, ajoutez *Oissel*. l. 4. du P. *Freully*, lisez *Preulli* ou *Preuilly*.

P. 326. l. 6. de l'*S*, substituez une gule au point entre *Sanay* & *Sané*.

P. 330 est faussement numérotée 238.

P. 332. lig. dern. & av.-dern. après *N blesse*, lisez *préventions qui doivent avoir leur cours & leur fin*, &c.

P. 334. l. 6. *droit cité*, lisez *droit de cité*. l. 22. *prétentions*, lisez *préventions*.

FIN.

TABLE
DES PRÉLIMINAIRES ET DES CHAPITRES DE L'ESSAI SUR L'HISTOIRE DE NORMANDIE.

Épitre Dédicatoire. Page iij

Avertissement. xxv

PRÉCIS HISTORIQUE SUR LA NEUSTRIE.

Succinctement depuis l'arrivée des Romains, & plus amplement depuis celle des Francs, jusqu'à celle des Normands. Exploits & mœurs de ces derniers. Page 1

DUCS DE NORMANDIE,

Depuis Rollon jusqu'à Jean-sans-Terre.

ROLLON ou ROBERT Ier,

PREMIER DUC.

CHAP. I. *Guerres & expéditions militaires de Robert I jusqu'à sa mort. Les Bretons sont forcés de lui rendre hommage.* 93

CHAP. II. *Gouvernement intérieur, Loix, Police, Justice en Normandie. Moyens dont le Duc se sert pour repeupler ses Etats. Etablissement des fiefs, &c.* 99

CHAP. III. *Courte digression sur les Historiens Normands, & réfutation d'un passage de Sainte-Foix. Robert I enrichit l'Eglise. Son abdication. Sa mort. Son éloge. Ses femmes & sa postérité.* 108

GUILLAUME, Ier. du nom, surnommé LONGUE-ÉPIE, *deuxième duc de Normandie.*

CHAP. IV. *Premiere guerre de Guillaume Longue-Épée. Son mariage.* 117

CHAP. V. *Révolte, défaite & soumission du comte de Cotentin. Sagesse & valeur de Guillaume Longue-Épée. Grandes révolutions en France. Destruction des Normands de la Loire; puissance de ceux de la Seine ou du duc de Normandie.* 122

CHAP. VI. *Sur l'hommage rendu par la Bretagne à la Normandie, & sur le droit & les motifs que la France avoit eus de céder cette mouvance.* 126

CHAP. VII. *Guillaume Longue-Épée remet par ses négociations Louis IV dit d'Outremer, sur le trône de ses peres. Il affermit un roi de Danemarck, & rétablit un comte de Montreuil. Il est assassiné par un comte*

Tome II. Q

de Flandre. Son éloge & son portrait. Incursions de quelques Normands en Galice. 161

CHAP. VIII. *Fondations & piété de Guillaume Longue-Épée.* 171

RICHARD Ier dit SANS PEUR, troisieme duc de Normandie. (Il fut encore surnommé AUX LONGUES JAMBES, mais on a cessé de le connoître sous ce sobriquet).

CHAP. IX. *Conseil de régence de Richard. Ce Prince reçoit les hommages des Normands & des Bretons. Entreprises du roi de France pour le déposséder. Comment le jeune Duc échappe à ce danger. Bataille près de la riviere de Dive. Prise du Roi. Paix entre la France & la Normandie. Réfutation d'un écrivain moderne. Eclaircissemens chronologiques.* 175

CHAP. X. *Alliance de Richard avec le comte de Paris. Guerre contre une puissante ligue. Mort de Louis d'Outremer & de Hugues le-Blanc.* 189

CHAP. XI. *Fin de toutes les guerres de Richard-sans-Peur. Avénement de Hugues Capet au trône de France.* 194

CHAP. XII. *Fondations du duc Richard-sans-Peur. Ses vertus, ses enfans, sa mort.* 203

RICHARD II, surnommé LE BON ET L'INTRÉPIDE, quatrieme duc de Normandie.

CHAP. XIII. *Guerre civile. Brouillerie avec l'Angleterre. Défaite des Anglois, &c.* 206

CHAP. XIV. *Malheurs de l'Angleterre. Guerre de Richard II contre son beau-frere le comte de Chartres. Secours des peuples du Nord. Conversion très-imparfaite d'un roi payen.* 215

CHAP. XV. *Alliance du roi de France avec Richard-le-Bon. Secours donnés aux comtes de Melun & de Flandre.* 221

CHAP. XVI. *Nomination du duc Richard II à la régence de Bretagne. Dernieres guerres de ce prince.* 224

CHAP. XVII. *Fondations de Richard II. Ses femmes, ses enfans, sa mort, son caractere.* 227

RICHARD III,

V^e. Duc de Normandie.

CHAP. XVIII. *Avénement de Richard III. Rébellion du comte d'Hiémes son frere. Mort du Duc. Annonce d'un ouvrage sur l'état des personnes en Normandie, du dixieme au treisieme siecle.* 231

ROBERT II, dit LE LIBÉRAL OU LE MAGNIFIQUE, *sixieme duc de Normandie.*

CHAP. XIX. *Différend de Robert II avec l'archevêque de Rouen son oncle, puis avec l'évêque de Bayeux,* 234

CHAP. XX. *Robert II rétablit le comte de Flandre, puis fait couronner le roi Henri I.* 238

CHAP. XXI. *Le Duc force les Bretons à lui rendre hommage. Guerre malheureuse contre le comte de Ponthieu.* 241

CHAP. XXII. *Armement de Robert II contre l'Angleterre. Ses démêlés & son accommodement avec le roi Canut.* 245

CHAP. XXIII. *Amours du duc Robert II. Son fils. Son pélerinage. Sa mort. Son caractere. Famines & incendies survenus de son temps.* 248

CHAP. XXIV. *Fondations de Robert II. Etat de l'église de Normandie, sous la domination de ses ducs au dixieme siecle & au commencement du onzieme.* 254

CONQUÊTES DES NORMANDS EN ITALIE.

CHAP. XXV. *Délivrance de Salerne par des gentilshommes Normands.* 258

Chap. XXVI. *Arrivée d'Osmond en Italie. Exploits des Normands sous la conduite de Mélus, duc de Bary. Mort de Touſtain.* 263

Chap. XXVII. *Nouveaux chefs des Normands. Fondation d'Averſe. Arrivée des fils de Tancrede. Leurs premiers succès.* 269

Chap. XXVIII. *Alliance des Normands avec les Grecs. Descente en Sicile. Conquête de Meſſine. Bataille de Syracuſe.* 272

Chap. XXIX. *Rupture de l'alliance des Normands & du Catapan. Victoires & conquêtes des premiers sur les Grecs juſques vers 1042.* 275

Chap. XXX. *Nouvelle victoire. Mauvais succès occaſionnés par la méſintelligence qui ſurvient entre les Normands & leurs alliés. Mort de Maniacès.* 280

Chap. XXXI. *Etabliſſement des Normands dans la Pouille. Mort de Fier-à-Bras. Arrivée de Robert Guiscard.* 284

CHAP. XXXII. *Puissance des Normands en Italie. Conspiration des Apuliens. Bataille gagnée contre les Grecs. Autre victoire sur le Pape qui est pris.* 287

CHAP. XXXIII. *Conquête de la Calabre & de tout le duché de Capoue. Funestes effets de l'ambition de Guiscard. Hommage rendu par les Normands au Pape Nicolas II. Éloge de la famille de Tancrede.* 293

CHAP. XXXIV. *Conquête de la Sicile. Trait singulier d'un général Normand qui lui fait remporter la victoire. Éloge de Judith de Normandie, épouse de Roger de Hauteville.* 297

CHAP. XXXV. *Guerre des Normands contre les Salernitains, puis contre le Pape, puis contre les Grecs. Conquête de l'île de Corfou. Victoire mémorable en Albanie.* 304

CHAP. XXXVI. *Délivrance & mort du Pape Grégoire VII. Exploits de Bohemont, fils de Guiscard. Mort de celui-ci. Discours succinct sur les souverains Normands des deux Siciles.* 308

Q iv

GUILLAUME II, dit LE BATARD, & ensuite LE CONQUÉRANT, septieme duc de Normandie, puis roi d'Angleterre.

CHAP. XXXVII. *Introduction au regne de Guillaume II. Troubles à son avénement.* 312

CHAP. XXXVIII. *Mort du duc de Bretagne. Faction de Tosni. Guerre avec la France. Bonne conduite de Gacé, qui force le roi Henri à faire la paix. Soumission du comte d'Hyesmes. Mariage de la mere du duc de Normandie.* 316

CHAP. XXXIX. *Défaite & mort de Tôni. Entreprises du comte d'Arques échouées. Soulevement de Guy de Bourgogne. Alliance de Guillaume avec le roi de France, qui l'aide à combattre les rebelles.* 323

CHAP. XL. *Guerre avec le comte d'Anjou. Conduite singuliere du roi de France. Exploits de Neel de*

Saint Sauveur-le-Vicomte. Traité de paix entre le duc de Normandie & le comte d'Anjou. 331

Chap. XLI. *Mariage du duc de Normandie. Emportemens & punition de l'archevêque Mauger. Guerre avec la France. Conjuration du comte d'Eu. Victoire des Normands à Mortemer. Eclaircissemens chronologiques & géographiques.* 336

Chap. XLII. *Paix générale. Mort & testament du comte du Maine suivis de nouvelles guerres. Ligues des comtes d'Anjou, de Mayenne, de Meulan, &c.* 346

Chap. XLIII. *Opérations militaires. Mort du roi de France. Bataille de Varaville, suivie de la paix.* 351

Chap. XLIV. *Abdication, retraite & mort de Geoffroy Martel. Régence du comte de Flandre après la mort du roi Henri. Guerre avec les Gascons. Guillaume se rend l'arbitre des Bretons, & se laisse tromper chez lui par Montgomeri.* 356

Chap. XLV. *Idée du régime féodal & du gouvernement intérieur de la Nor-*

mandie sous Guillaume II. Restitution ou restauration des Tournois & de la chevalerie. Loi sage & singuliere sur les duels. Agriculture & commerce des Normands. 359

CHAP. XLVI. *Guerres avec les Bretons au sujet de l'hommage refusé, & des prétentions formées par Conan II. Mort de ce prince. Paix avec son successeur.* 396

CHAP. XLVII. *Révolution en Angleterre, à l'extinction du sang de Canut. Asyle, secours & protection donnés par la Normandie aux princes Anglo-Saxons. Mort funeste d'Alfred.* 402

CHAP. XLVIII. *Elévation d'Edouard au trône d'Angleterre. Mort du comte de Kent. Malheur arrivé à son fils Harald, qui est délivré par le duc de Normandie.* 406

CHAP. XLIX. *Serment de Harald en Normandie. Son retour & sa conduite en Angleterre. Sa victoire sur les Gallois.* 412

CHAP. L. *Testament d'Edouard. Sa mort. Couronnement de Harald. Dépit du duc de Normandie.* 416

CHAP. LI. *Exil de Toston frere du roè Harald. Ses vengeances. Ses négociations en Flandre & en Normandie. Son alliance avec un roi de Norvége. Leurs descentes & ravages en Angleterre. Leur défaite & leur mort.* 421

CHAP. LII. *Sécurité de l'Angleterre. Embarras du duc de Normandie. Empressement de ses sujets à le servir. Secours qu'il reçoit de ses voisins. Force de son armée.* 427

CHAP. LIII. *Départ de la flotte. Descente en Angleterre. Seigneurs principaux de l'armée.* 431

CHAP. LIV. *Manifeste du Normand. Propositions faites à l'Anglois qui les rejette ; préparation au Combat.* 436

CHAP. LV. *Célebre bataille d'Hastings. Ses suites.* 442

CHAP. LVI. *Couronnement de Guillaume. Maniere dont il gouverne les Anglois.* 449

CHAP. LVII. *Voyage de Guillaume en Normandie. Soulevement en Angleterre. Retour du Prince en cette île. Couronnement de Mathilde. Moyens employés par le Conquérant pour contenir les Anglois.* 452

CHAP. LVIII. *Départ de plusieurs Normands. Nouveaux troubles en Angleterre. Soumission des mécontens. Retraite des Danois. Défaites & hommages des Gallois & des Ecossois. Retour & pardon d'Edgard. Conduite de Guillaume.* 459

CHAP. LIX. *Guillaume repasse en Normandie & contient les puissances voisines. Il tient tête au pape Grégoire VII, & retourne en Angleterre dissiper de nouvelles conspirations. Châtiment des coupables, & générosité de Guillaume envers la comtesse de Suffolk.* 466

CHAP. LX. *Echec de Guillaume devant Dol. Mésintelligence de ses enfans. Ses victoires contre les Danois, les Ecossois & les Gallois. Révolte & soumission de son fils Robert. Châtiment & pardon de son frere Odon.*

Newcastle & tour de Londres. Mort de la Reine. Sagesse du Roi concernant les croisades. Ses avantages & sa clémence envers le comte de Nevers. 472

CHAP. LXI. *Querelle des princes Robert & Henri à la cour de France. Guerre entre les rois Philippe & Guillaume. Maladie de Guillaume. Treve. Raillerie de Philippe. Rupture de la treve. Incendie de Mantes. Rechûte de Guillaume. Circonstances de sa mort & de ses obseques.* 481

CHAP. LXII. *Gouvernement & législation de Guillaume le Conquérant.* 491

CHAP. LXIII. *Fondations de Guillaume le Conquérant. Sa postérité. Anecdotes & traits particuliers qui achevent de le caractériser.* 519

Fin de la Table du Tome premier.

TABLE
DU SECOND VOLUME.

ROBERT III,

Surnommé GAMBAR, COURTE HEUSE, COURTE-CUISSE *ou* COURTE BOTTE,

VIIIe. Duc de Normandie.

CHAP. LXIV. I*NSTALLATION de Guillaume-le-Roux au trône d'Angleterre. Inutiles tentatives de Robert pour faire valoir ses droits d'aînesse. Révolte du Maine contre le duc de Normandie. Alliances & brouilleries successives des trois freres. Capitulation de Henri au Mont-Saint-Michel.* Page 1

CHAP. LXV. *Guillaume le-Roux donne à Robert Courte-Heuse le généralat d'une armée Angloise contre les Ecossois. Après cette guerre faite avec succès, le Duc, de retour en ses Etats, essuie de nouvelles entre-*

TABLE DES CHAPITRES.

prises du prince Henri, & se voit bientôt attaquer par l'ingrat & l'avide Guillaume-le-Roux. La France le soutient d'abord, puis l'abandonne; mais les troubles survenus en Angleterre le débarrassent de Guillaume-le-Roux, obligé de voler à la défense de son propre Royaume. Ce monarque défait & punit les conspirateurs, puis se brouille avec l'archevêque Anselme. 11

CHAP. LXVI. *Causes & préparatifs de la premiere croisade. Conciles de Plaisance, de Clermont, de Rouen, de Nîmes. Excommunication & absolution du roi de France. Engagement à bas prix pour cinq ans fait du Maine & de la Normandie par Robert Courte-Heuse à Guillaume-le-Roux.* 19

CHAP. LXVII. *Regne de Guillaume-le-Roux, neuvieme duc de Normandie.* 27

CHAP. LXVIII. *Du mahométisme & des croisades. Exploits de Robert en Palestine. Son mariage en Italie. Henri, le dernier de ses freres, le supplante encore au trône d'Angleterre.* 33

CHAP. LXIX. *Début de Henri dans l'exercice de la royauté. Vertus de l'épouse de Robert. Séjour de ce prince en Italie. Son retour en Normandie. Sa descente en Angleterre. Les principaux adhérens des deux freres finissent par les reconcilier.* 40

CHAP. LXX. *Infidélités de Henri. Confiance indiscrete de Robert. Guerre entre les deux freres. Bataille de Tinchebrai. Réflexions sur la mort & la captivité du duc de Normandie.* 45

HENRI I,
ROI D'ANGLETERRE
ET DIXIEME DUC DE NORMANDIE.

CHAP. LXXI. *Premieres aventures de Guillaume Cliton. Affaires de Henri avec son Clergé d'Angleterre. Morts remarquables. Mariage de la princesse Mathilde avec l'empereur Henri V.* 52

CHAP. LXXII. *Commencement de la rivalité de la France & de l'Angleterre. Armées, incendies & ravages en Normandie. Bataille de Brenneville, suivie de la paix dans laquelle sont oubliés les intérêts de Guillaume Cliton.* 57

CHAP. LXXIII. *Naufrage de la famille royale d'Angleterre. Incursion des Gallois. Second mariage de Henri. Nouvelle guerre entre ce prince & le parti de Guillaume Cliton.* 63

CHAP. LXXIV. *Avantages, alliances & négociations de Henri. Mort de Guillaume Cliton. Paix avec la France. Sacre des fils de Louis-le-Gros. Second mariage de Mathilde. Chagrins, mort, & surnoms de Henri. Particularités sur ce prince.* 70

EUSTACHE DE BOULOGNE;
XIe. DUC DE NORMANDIE.

CHAP. LXXV. *Etienne de Blois s'empare du royaume d'Angleterre, & fait reconnoître son fils Eustache de*

Boulogne duc de Normandie. Mort du roi de France Louis-le-Gros. Etienne est pris par l'armée de Matilde, puis échangé avec le comte de Glocester, frere naturel de cette princesse, laquelle gâte son héroïsme & perd ses avantages par son despotisme & sa hauteur. Après beaucoup de guerres & de ravages en Angleterre & en Normandie, Geoffroy, comte d'Anjou, l'emporte sur Eustache pour le duché de Normandie. 77

GEOFFROY-PLANTEGENET,

XIIe. Duc de Normandie et Comte d'Anjou.

Chap. LXXVI. *Qualités, actions & & regne de Geoffroy qui transmet la Normandie à son fils. Remarques sur les rois étrangers de l'Angleterre & sur la généalogie de la maison d'Anjou.* 87

Chap. LXXVII. *Testament de Geoffroy. Avénement de Henri. Sa puis-*

sance. Mort de son frere. Mariage de deux de ses fils en bas âge, Henri & Geoffroy. Projets sur l'Irlande. Bulle du Pape. Tutelle du comte de Flandre. Prétentions sur le comté de Toulouse. Guerres & traités avec la France jusqu'en 1162. 93

Chap. LXXVIII. *Ecarts du clergé d'Angleterre. Projets de Henri pour les réprimer. Caractere & fortune de Thomas Becket. Premiere querelle de Henri avec cet archevêque. Guerre avec la France. Expédition en Bretagne. Mort de l'impératrice Matilde. Reconciliation avec le roi de France & avec le primat d'Angleterre.* 104

Chap. LXXIX. *Sacre de Henri-le-Jeune. Nouvelles brouilleries avec Becket. Meurtre de ce primat. Honneurs rendus à son tombeau. Inquiétudes & pénitence de Henri II.* 116

Chap. LXXX. *Conquête de l'Irlande. Jalousie d'Éléonore de Guyenne. Ses enfans se liguent avec la France contre leur pere. Hostilités. Bataille de Combourg.* 122

CHAP. XXXI. *Treves, guerres & paix de Henri avec la France, l'Écosse & trois de ses fils. Mariage de plusieurs de ses enfans des deux sexes. Nouveaux nuages contre la France dissipés par le Légat. Mort de Louis-le-Jeune.* 130

CHAP. LXXXII. *Dernières guerres d'Henri II, tant avec la France qu'avec ses propres enfans. Mort d'Henri Courtmantel & de Geoffroy duc de Bretagne. Mort, caractere & législation de leur pere.* 136

RICHARD,

DIT CŒUR-DE-LYON,

Ier. DU NOM POUR L'ANGLETERRE

ET QUATRIEME POUR LA NORMANDIE,

DONT IL ÉTOIT LE QUATORZIEME DUC.

CHAP. LXXXIII. *Richard met sa mere en liberté, rend hommage au roi de France, fait des distributions & libéralités en Normandie. Massacre* des Juifs lors de son couronnement. Exactions & préparatifs pour la croisade. Réflexions des abbés Racine & Fleury. Embarquement de Richard pour la France. 150

CHAP. LXXXIV. Marche & embarquement des deux Rois. Leur arrivée en Sicile. Exploits de Richard à Messine Départ pour la Terre-Sainte. Conquête de l'île de Chypre, & mariage du roi d'Angleterre avec l'infante de Navarre. 163

CHAP. LXXXV. Arrivée de Richard devant Acre après avoir coulé à fond un gros vaisseau de Saladin. Prise de cette ville. Compétiteurs au trône de Jérusalem. Mésintelligence des rois de France & d'Angleterre. Départ de Philippe. Victoires de Richard. Troubles en Angleterre. 176

CHAP. LXXXVI. Continuation des exploits de Richard en Palestine. Assassinat du marquis de Monferrat. Lusignan cede pour l'île de Chypre sa royauté titulaire de Jérusalem au comte de Champagne, neveu du roi d'Angleterre. Treve entre les Chrétiens & les Musulmans. Embarquement de Richard pour l'Europe. Mort de Saladin. 186

Chap. LXXXVII. *Aventure & prison de Richard en Allemagne. Intrigues de Jean. Négociation de la Reine douairiere & de la régence d'Angleterre. Le roi de France redemande à main armée sa sœur & sa dot refusées par le sénéchal de Normandie. Treve avec ce Prince. Délivrance de Richard.* 193

Chap. LXXXVIII. *Alégresse & réjouissance en Angleterre au retour de Richard. Grand conseil assemblé par le Roi. Son départ précipité de l'île pour faire la guerre en France. Atroce perfidie du prince Jean envers les François, pour se raccommoder avec son frere. Guerre vive, mais balancée. Treve presqu'aussi-tôt rompue que signée. Mort & repentir du duc d'Autriche. Conférence infructueuse des rois de France & d'Angleterre pour se réunir contre les Maures d'Espagne. Retour & mariage d'Alix de France. Nouvelles hostilités. Géné-*

rosité réciproque de Richard & de Philippe. Paix solemnelle. 202

CHAP. LXXXIX. *Dernieres guerres de Richard avec Philippe - Auguste. Troubles en Angleterre. Anecdote de Guillaume Longue-Barbe. Brouilleries avec l'archevêque de Rouen. Prise de l'évêque de Beauvais & de la duchesse-douairiere de Bretagne. Treve de cinq ans avec la France, & paix avec la Bretagne.* 211

CHAP. XC. *Nouveaux nuages & nouvelles propositions entre les deux Rois. Expéditions de Richard en Poitou, puis en Limosin où il reçoit une blessure mortelle. Circonstances de sa mort, de ses obseques & de son caractere.* 218

JEAN,
ROI D'ANGLETERRE,
ET QUINZIEME DUC DE NORMANDIE.

CHAP. XCI. *Installation de Jean-sans-Terre au duché de Normandie. Re-*

clamation & parti du duc de Bretagne. Hostilités. Intervention de la France. Voyage & couronnement de Jean en Angleterre. Son retour & sa conférence infructueuse avec Philippe. Paix de Gaillon. Mariage de Blanche de Castille avec Louis de France. Mort de Marcader. 226

Chap. XCII. *Actes de despotisme & de souveraineté de Jean-sans-Terre. Son subterfuge envers l'empereur Othon. Douaire de la veuve de Richard Cœur-de-Lion. Répudiation d'Avoise de Glocester. Enlevement d'Isabelle d'Angoulême. Ressentiment du comte de la Marche. Jean fait couronner sa nouvelle épouse en Angleterre, y leve des taxes, & revient en Normandie. Mort de la duchesse-douairiere de Bretagne.* 236

Chap. XCIII. *Bonne intelligence des deux monarques, suivie de représentations du roi de France mal reçues du roi d'Angleterre. Mauvaise foi de Jean. Succès de Philippe. Réflexion sur la circonstance où la Bretagne & la Normandie penserent former un seul & même état. Artur, devenu gendre*

gendre du roi de France son protecteur & son suzerain, est successivement vaincu, pris & poignardé par le roi d'Angleterre son oncle. 243

Chap. XCIV. Soulevement de toute la France contre le crime & la personne de Jean, devenu méprisable & odieux à ses sujets. Avénement de Guy de Thouars au duché de Bretagne. Jugement des pairs de France. Tournois de Moret. Succès du roi de France. Fuite du roi d'Angleterre. 252

Chap. CLV. Interposition du Pape mendiée par Jean, rejetée par Philippe. Siége & prise de Château-Gaillard. Députation des Rouennois à Londres. Leur retour, & reddition de la capitale & du reste de la Normandie. Exploits qui méritèrent à Philippe II le surnom d'Auguste. 257

Chap. XCVI. Esquisse des matieres que l'auteur se propose de traiter depuis l'époque de la réunion jusqu'à nos jours. 263

Chap XCVII. Fondations ecclésiastiques & monastiques en Normandie pendant le douzieme siecle. Indication

Tome II. R

TABLE DES CHAPITRES.

succinéte des droits & priviléges de cette Province, & de quelques ouvrages faits & à faire à ce sujet. 288

CHAP. XCVIII. *Sur le patriotisme des peuples dont les familles aiment à retrouver les vestiges de leur existence particuliere dans l'histoire générale de leur nation. Liste des noms Neustriens & Normands recueillis dans les siecles dont nous avons écrit.* 295

CHAP. XCIX. *Sénéchaux de Normandie.* 330

CHAP. C. *Vicomtes de Normandie.* 346

Apostille. 387

Addition. 393

Approbation & privilége. 394

Au sommaire du Chap. XLV, au-lieu de *restitution*, lisez *institution*.

FIN DE LA TABLE.

APOSTILLE.

On vient de m'apprendre que je suis apostrophé dans quatre ou cinq Pamphlets qui, dans la circonstance présente, ne sont pas plus étrangers à la Normandie qu'aux autres provinces. Mais on ne m'a fait voir encore que deux de ces imprimés. En vérité ma résignation n'est pas bien méritoire, si je ne suis pas plus mal traité dans les autres.

Je ne répondrois pas aux deux anonymes, si je n'avois à les remercier de ce qu'ils ont bien voulu me témoigner une partie des égards dont je ne crois pas m'être écarté envers personne.

1°. Celui qui a fait la comparaison peu juste mais très-saillante du berger Pâris, doit être sûr que je ne prendrai jamais qu'en bonne part d'aussi agréables plaisanteries. Par quelle fatalité cet Écrivain, si capable de tournures intéressantes, ne les a-t il pas toujours préférées aux assertions par trop infidelles, aux licences par trop condamnables auxquelles il regrettera tôt ou tard d'avoir perdu son temps & prostitué son talent ? Qu'il me permette de lui dire ici que les députés des divers Ordres ne sauroient assez se rechercher, se rencontrer, se parler, s'accueillir : car la rancune & la bouderie n'étant jamais les moyens de se rapprocher & de s'entendre, il ne faut pas qu'un misérable esprit de chicane, de défiance & de dissension réalise la prophétie peu consolante de la brochure intitulée : *Je ne suis pas de l'avis de tout le monde*.

2°. Celui qui m'adresse cinq questions, dont la derniere est résolue d'avance dans l'opuscule qu'il attaque, & dont les quatre autres y sont étrangeres, peut se tenir bien assuré que la réponse est aussi facile, même en présence des principaux intéressés, qu'elle seroit ici déplacée. Peut-être serois-je dans le cas de lui demander à mon tour qui peut l'avoir déterminé si bizarrement à traiter d'une province, d'une assemblée, d'un ordre, d'un événement qu'il n'a pas été vraisemblablement à portée de connoître. Il me suffira d'avoir l'honneur de lui dire que des Princes, des Ministres, des Magistrats, & beaucoup de Citoyens de tous les Ordres, ont eu la preuve que mon zele & mes démarches, auxquels je n'attache ni importance ni nullité, font exempts de tiédeur & d'emportement, de foiblesse & d'aigreur, d'intrigue & de duplicité, de fronde & d'adulation.

Mais qui pourroit ne pas gémir de voir ce malheureux acharnement à convertir des rixes de particuliers en querelles d'Ordre à Ordre ? Qui ne déploreroit l'inconcevable délire avec lequel on va rassemblant par milliers tous les gens de peine dans les églises, auprès desquelles on les enivre pour les consoler de la perte de leurs journées, & pour leur extorquer des signatures ou des adhésions sur des arrêtés aussi contraires à l'ordre qu'à la vérité, & non moins indifférens au bonheur du gros des Colons & des Artisans, qu'inintelligibles à leur raison ?

Est-ce-là de bonne-foi répondre à ce que le Ministre, à ce que le Roi se promettoient de la justice & de la

R iij

modération des Réclamans ? N'est-ce pas souffler une insurrection pareille à celles de la Bohême, ou du moins à celle dont le Monarque le plus absolu de l'Europe, Frédéric le Grand, eût lui même quelqu'embarras à défendre ses Etats, après avoir fait gagner, malgré l'avis des Juges, un procès au meunier Arnold contre son seigneur qui n'avoit pas tort ?

Quel profit le peuple recueillera-t-il du mépris qu'on tâche de lui inspirer pour cet Ordre, auquel une possession de douze siecles & la sublimité de ses fonctions assurent la primauté ; pour ce Clergé que le Philosophe le moins pénétré de nos dogmes ne se dispenseroit jamais de respecter comme un corps d'Officiers de culte & de morale ? Quant à la Noblesse, s'il étoit supposable qu'elle votât sciemment, volontairement contre les libertés, les droits, les véritables intérêts du Tiers-Etat, je me trouverois plus honoré de descendre dans la derniere classe de la société que de rester gentilhomme. Mais aussi gardons-nous bien de prendre pour de l'injustice & de l'orgueil la dignité impassible avec laquelle (*a*) cet Ordre illustre attend le repentir ou la rétractation des compatriotes subalternes qui le calomnient, la fermeté décente avec laquelle il résistera sans doute à ces factions brouillonnes qui ne craignent point d'ajouter à leurs mensonges celui de se dire le *Tiers-État*. Ô mes concitoyens Normands, Bretons, Dauphinois, Lorrains, Bourguignons, Languedociens ! ô François de toutes les provinces, de tous les Ordres, de toutes les conditions, n'allons pas nous désunir au moment où nous avons le plus de besoin d'être unis; n'allons pas nous invectiver lorsque les étrangers ont l'œil sur nous; n'allons pas ou-

---

(*a*) Dans l'Arrêt du Conseil du 14 Février 1789, portant suppression de libelles, voyez en quels termes paternels S. M. rappelle tous ses Sujets à la concorde, & daigne reconnoître la conduite & les services de sa fidelle Noblesse. Cette justice éclatante rendue à son Ordre, impose au vrai gentilhomme un surcroît d'obligation de chérir & d'honorer le Tiers-État. Combien de fois n'ai-je pas dit, du cœur comme des levres, que je me serois glorifié d'être le factionnaire de Chevert, ainsi que Jean-Jaques se seroit contenté d'être le valet-de-chambre de Fénélon ?

blier que notre intérêt principal & commun est d'établir la sûreté des personnes & des propriétés; n'allons pas séparer la majesté du trône de la prospérité nationale; n'allons pas enfin par de futiles prétentions, par des subtilités puériles, par de pitoyables disputes intestines, rendre stérile la bonne volonté de notre Souverain & devenir le jouet de nos rivaux.

Supplément à l'errata du T. I.

P. 301. l. 3. de la note, *du*, lisez *de*.

P. 305. l. 10. *d'excommunication*, lisez *de l'excommunication*.

Le Lecteur suppléera facilement aux autres omissions de *l'errata* de chaque volume.

ADDITION *pour le Chap.* 96 *entre les lignes* 9 & 11 *de la page* 273.

Thomas Aubert, pilote de Dieppe, dont le voyage fut proposé par le cardinal d'Amboise & commandé par Louis XII, fit participer la France, en 1512, aux fameuses découvertes des Espagnols & des Italiens dans le nouveau Monde. De ce même Port étoient partis, en 1340, les premiers Européens qui, surpassant les anciennes navigations Phéniciennes, se rendirent aux Indes orientales par le cap de Bonne-Espérance. C'est encore à Dieppe que se fit, en 1364, l'embarquement de ceux qui fonderent une ville Françoise sur les côtes de Guinée. Cette ville a vu naître l'héroïque matelot Bouffard, & l'immortel amiral Duquesne d'une branche pauvre & Calviniste de l'ancienne famille noble de ce nom. Voyez le *Journal encyclopédique* de Mai 1784 & Juin 1785.

Sous Louis XII fut commencée, sous François I fut achevée la fondation de la ville *Françoise*, dite le *Havre-de-Grâce*. Comparez les *Mémoires* sur cette ville par M. du Bocage de Bléville, & son *Histoire* par M. l'abbé Pleuvry.

APPROBATION.

J'ai lu, par ordre de Monseigneur le Garde-des-Sceaux, un manuscrit intitulé: *Essai sur l'Histoire de Neustrie ou de Normandie*, & je n'y ai rien trouvé qui m'ait paru devoir en empêcher l'impression.

A Paris, ce 2 Avril 1788.

BRALLE.

PRIVILÉGE DU ROI.

LOUIS, PAR LA GRACE DE DIEU, ROI DE FRANCE ET DE NAVARRE, à nos Amés & Féaux Conseillers, les Gens tenant nos Cours de Parlement, Maîtres des Requêtes ordinaires de notre Hôtel, Grand-Conseil, Prévôt de Paris, Baillis, Sénéchaux, leurs Lieutenans civils, & autres nos Justiciers qu'il appartiendra : SALUT. Notre amé le sieur Vicomte DE TOUSTAIN, Chevalier de notre Ordre Militaire de Saint-Louis, Officier-Supérieur de Cavalerie, Associé de plusieurs Académies, Censeur-Royal, nous a fait exposer qu'il desireroit faire imprimer & donner au Public un *Essai sur l'Histoire de Neustrie ou de Normandie*, s'il nous plaisoit lui accorder nos Lettres de Privilége pour ce nécessaires. A CES CAUSES, voulant favorablement traiter l'Exposant, nous lui avons permis & permettons par ces Présentes, de faire imprimer ledit Ouvrage autant de fois que bon lui semblera, de le vendre, faire vendre & débiter par-tout notre Royaume; voulons qu'il jouisse de l'effet du présent Privilége pour lui & ses hoirs à perpétuité, pourvu qu'il ne le rétrocede à personne; & si cependant il jugeoit à-propos d'en faire une cession, l'acte qui la contiendra sera enregistré en la Chambre Syndicale de Paris, à peine de nullité, tant du Privilége que de la cession;

& alors la durée du présent Privilége sera réduite à celle de la vie de l'Exposant, ou à celle de la vie de l'Exposant, ou à celle de dix années à compter de ce jour, si l'Exposant décede avant l'expiration desdites dix années ; le tout conformément aux Articles IV & V de l'Arrêt du Conseil du 30 Août 1777, portant Règlement sur la durée des Priviléges en Librairie. Faisons défenses à tous Imprimeurs, Libraires & autres personnes de quelque qualité & condition qu'elles soient d'en introduire d'impression étrangère dans aucun lieu de notre obéissance ; comme aussi d'imprimer ou faire imprimer, vendre, faire vendre, débiter ni contrefaire ledit Ouvrage, sous quelque prétexte que ce puisse être, sans la permission expresse & par écrit dudit Exposant, ou de celui qui le représentera, à peine de saisie & de confiscation des exemplaires contrefaits, de six mille livres d'amende, qui ne pourra être modérée, pour la première fois ; de pareille amende & de déchéance d'état en cas de récidive, & de tous dépens, dommages & intérêts, conformément à l'Arrêt du Conseil du 30 Août 1777, concernant les Contrefaçons. A la charge que ces Présentes seront enregistrées tout au long sur le Registre de la Communauté des Imprimeurs & Libraires de Paris, dans trois mois de la date d'icelles ; que l'impression dudit Ouvrage sera faite dans notre Royaume & non ailleurs, en beau papier & beaux caractères, conformément aux Règlemens de la Librairie, à peine de déchéance du présent Privilége ; qu'avant de l'exposer en vente, le manuscrit qui aura servi de copie à l'impression dudit Ouvrage, sera remis dans le même état où l'Approbation y aura été donnée, ès-mains de notre très-cher & féal Chevalier, Garde-des-Sceaux de France, le sieur DE LAMOIGNON, Commandeur de nos Ordres ; qu'il en sera ensuite remis deux exemplaires dans notre Bibliothèque publique, un dans celle de notre Château du Louvre, un das celle de notre très-cher & féal Chevalier, Chancelier de France, le sieur DE MAUPEOU, & un dans celle dudit sieur DE LAMOIGNON; le tout à peine de nullité des présentes ; du contenu desquelles vous mandons

& enjoignons de faire jouir ledit Exposant & ses hoirs pleinement & paisiblement, sans souffrir qu'il leur soit fait aucun trouble ou empêchement. Voulons que la copie des Présentes, qui sera imprimée tout au long au commencement ou à la fin dudit Ouvrage, soit tenue pour dûment signifiée, & qu'aux copies collationnées par l'un de nos amés & féaux Conseillers-Sécretaires foi soit ajoutée comme à l'original. COMMANDONS au premier notre Huissier ou Sergent sur ce requis, de faire, pour l'exécution d'icelles, tous Actes requis & nécessaires sans demander autre permission, & nonobstant clameur de Haro, Charte Normande, & Lettres à ce contraires. Car tel est notre plaisir. Donné à Versailles, le dixieme jour du mois de Mai l'an de grace mil sept cent quatre-vingt-huit, & de notre Règne le quinzième.

Par le Roi en son Conseil,

LE BEGUE.

Scellé en cire jaune.

Registré sur le Registre XXIII de la Chambre Royale & Syndicale des Libraires & Imprimeurs de Paris, No 1571, folio 547, conformément aux dispositions énoncées dans le présent Privillge; & à la charge de remettre à ladite Chambre les neuf exemplaires prescrits par l'Arrêt du 16 Avril 1785. A Paris, le 20 Mai 1788.

KNAPEN, Syndic.

www.ingramcontent.com/pod-product-compliance
Lightning Source LLC
Chambersburg PA
CBHW052036230426
43671CB00011B/1670